MANTENHA-SE FISICAMENTE EM FORMA

MANTENHA-SE FISICAMENTE EM FORMA

Livro oficial de planos e exercícios da
ROYAL CANADIAN AIR FORCE

5ª edição revista, ilustrada e atualizada

© Crow, Queens Printer, 1958

5ª Edição, Global Editora, São Paulo 2006
2ª Reimpressão, 2023

Jefferson L. Alves – diretor editorial
Flávio Samuel – gerente de produção
Ana Cristina Teixeira – assistente editorial
Aydano Arruda – tradução
Ana Cristina Teixeira e Saulo Krieger – revisão
Weber Amendola – ilustrações
Eduardo Okuno – capa
Cia. Editorial – editoração eletrônica

Dados Internacionais de Catalogação na Publicação (CIP)
(Câmara Brasileira do Livro, SP, Brasil)

Royal Canadian Air Force
    Mantenha-se fisicamente em forma : livro oficial de planos
e exercícios da Royal Canadian Air Force / [ilustrações Weber
Amendola ; tradução Aydano Arruda]. – 5. ed. rev., il. e atual. – São
Paulo : Global, 2006.

    Título original: Physical fitness
    ISBN 978-85-260-1129-8

    1. Aptidão física 2. Exercícios físicos I. Amendola, Weber.
II. Título.

06-4086   CDD-613.7

Índices para catálogo sistemático:
1. Condicionamento físico : Educação física   613.7

Obra atualizada conforme o
NOVO ACORDO ORTOGRÁFICO DA LÍNGUA PORTUGUESA

Global Editora e Distribuidora Ltda.
Rua Pirapitingui, 111 – Liberdade
CEP 01508-020 – São Paulo – SP
Tel.: (11) 3277-7999
e-mail: global@globaleditora.com.br

- grupoeditorialglobal.com.br
- @globaleditora
- /globaleditora
- @globaleditora
- /globaleditora
- /globaleditora
- blog.grupoeditorialglobal.com.br

Direitos reservados.
Colabore com a produção científica e cultural.
Proibida a reprodução total ou parcial desta
obra sem a autorização do editor.

Nº de Catálogo: **1870**

Sumário

Prefácio	7
Agradecimentos	9
Introdução	11
O Plano 5BX (para homens)	19
Tabela 1	*32*
Tabela 2	*37*
Tabela 3	*42*
Tabela 4	*47*
Tabela 5	*52*
Tabela 6	*57*
O Plano XBX (para mulheres)	63
Tabela 1	*75*
Tabela 2	*81*
Tabela 3	*89*
Tabela 4	*96*
Exercícios suplementares	105

Prefácio

Esta é uma época em que, até nas cidades do interior, mais e mais pessoas vão a qualquer parte por avião ou automóvel. Manter-se em boa forma física tornou-se um problema para todos. Embora as pessoas não estejam dispostas a despender tempo e dinheiro em uma academia de ginástica e não tenham qualquer pretensão no âmbito da "beleza do corpo", um grande número delas está, não obstante, hoje em dia, preocupado com sua aparência e com seu estado de saúde.

O método de exercícios exposto neste livro oferece uma resposta extraordinariamente simples para o problema. Esse método foi desenvolvido pela Real Força Aérea Canadense com o objetivo de manter o seu pessoal no pico da boa forma, pronto para enfrentar súbitas demandas de ação, após longos períodos de inatividade. Quando se tornaram acessíveis ao público em geral, os dois manuais de exercícios reunidos neste volume transformaram-se rapidamente em *best-sellers* em toda a América do Norte. Suas edições em livros de bolso fizeram com que atingissem um público mais amplo.

Esses exercícios destinam-se especificamente aos que não dispõem de muito tempo, cujo trabalho é essencialmente sedentário e que não têm espaço nem aptidões para a prática regular de esportes ou caminhadas; para os habitantes das grandes cidades (em particular) que, embora quase nunca vão às compras a pé, podem ocasionalmente ter de correr para pegar um ônibus ou subir alguns lances de escada quando o elevador está enguiçado; e para aqueles que estão tomando consciência da chegada da "meia-idade" ou da tensão do trabalho, mas não se sentem inclinados a atividades mais enérgicas.

Os planos 5BX e XBX, como são denominados os exercícios, estão ordenados progressivamente, e não se espera que a pessoa que os pratica vá além dos movimentos mais simples no início do curso até que possa fazê-los sem dificuldade no devido tempo. Compete exclusivamente a quem faz os exercícios estabelecer o ritmo do processo e o grau de adequação. Desse modo, já ficou provado que a boa forma apropriada pode ser atingida facilmente por etapas, em curto espaço de tempo e sem esforços exagerados, utilizando-se apenas alguns minutos por dia. Acima de tudo, é um método que não vai além do necessário. Ele tem por objetivo proporcionar o nível correto de boa forma para todos os propósitos normais, sem despertar qualquer tipo de anseios a respeito de treinamento olímpico.

O 5BX e o XBX são ideais para qualquer um que simplesmente queira ficar, parecer, sentir e manter-se em forma.

Agradecimentos

A Real Força Aérea Canadense agradece a contribuição prestada à preparação do manual 5BX por W.A.R. Orban, Ph.D., pelos peritos em Educação Física e pelos consultores médicos da RFAC, e à preparação do manual XBX por N. J. Ashton, detentor dos cursos de bacharelado e mestrado em Ciências e especialista em Educação Física.

Introdução

Por que você deve se manter em forma

Pesquisas demonstram que:

- a pessoa fisicamente apta é capaz de resistir ao cansaço por mais tempo que a pessoa inapta;
- a pessoa fisicamente apta é mais bem-dotada para suportar esforço físico;
- a pessoa fisicamente apta tem coração mais forte e eficiente;
- há relação entre boa vivacidade mental, ausência de tensão nervosa e aptidão física.

Lembre-se de que:

Músculos abdominais fracos tornam o abdome frouxo e músculos dorsais fracos são causa frequente de dores nas costas.

Há inúmeras razões para manter-se em forma. Estando em forma, você sabe como se sente. Todos sabem que aparência você tem. O exercício regular pode melhorar sua sensação de bem-estar e sua aparência.

Aptidão física é necessária para se desfrutar a vida com qualidade.

Controle de Peso

A principal finalidade do controle de peso é reduzir a quantidade de gordura do corpo e aumentar a quantidade de músculos. É, na realidade, um programa de controle de gordura mais que do controle de peso.

Esse controle só pode ser obtido juntando-se um programa dietético sensato com um programa regular e equilibrado de exercício.

Quando comemos, o alimento é usado, armazenado ou regurgitado. O corpo armazena combustível ou calorias sob a forma de gordura. Quanto mais combustível ingerimos e quanto menos usamos dele, maior quantidade é armazenada no corpo em forma de gordura. O corpo humano não é como o tanque de gasolina de um automóvel que transborda quando cheio. Nosso corpo aceita todas as calorias que nele introduzimos e armazena as que não usamos.

Por exemplo, se você come alimentos com um índice de 3 mil calorias e só usa 2.600 delas em sua atividade, as restantes 400 ficam armazenadas no corpo. Toda vez que você acumula aproximadamente 4 mil dessas calorias, a balança indica em seu peso o aumento de uma libra (454 gramas).

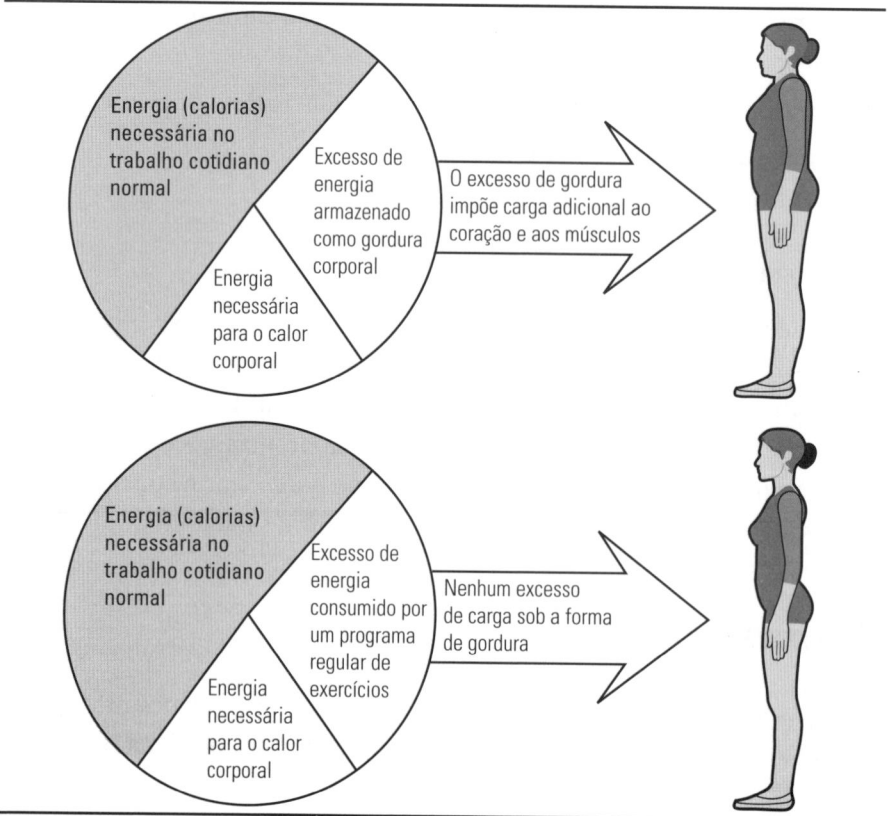

Quando você faz exercícios, queima calorias. A energia assim usada resulta em desenvolvimento muscular. Como o músculo é um pouco mais pesado que a gordura, você poderá notar em seu peso um aumento em vez de redução. Todavia, deve-se ressaltar que esse peso muscular é peso útil: melhora sua aparência e a maneira como você se sente.

Pesquisas têm demonstrado claramente que o meio mais eficaz para reduzir o peso e conservá-lo reduzido reside em um programa que combine exercício e dieta.

Viva para estar em forma e esteja em forma para viver

Este livro trata principalmente dos hábitos de exercícios e dieta como passos no caminho da aptidão física. Existem muitos outros meios que podem se transformar em hábitos e que também contribuem para esse objetivo. Procure fazer de alguns deles parte de seu cotidiano e logo verá que sem esforço consciente ou "trabalho" adicional estará recebendo muitos benefícios.

Andar a pé é excelente exercício, quando em ritmo mais apressado que um vagaroso arrastar dos pés. Se você usa transporte coletivo, não tome o veículo na parada mais próxima, mas vá esperá-lo alguns quarteirões adiante e caminhe depressa. Vá a pé até a loja da esquina em vez de utilizar o automóvel. Sempre que possível, caminhe. Suba alguns degraus de escada em lugar de usar o elevador ou a escada rolante.

Use seus músculos para erguer objetos quando puder, em vez de empurrá-los.

Mesmo uma atividade cotidiana – como enxugar-se depois do banho – pode tornar-se um exercício de aptidão física. Esfregue-se energicamente em lugar de passar delicadamente a toalha sobre o corpo.

Quando sentado à mesa, você pode ajudar a postura e melhorar o tônus muscular. Sente-se ereto com as costas retas; não se afunde com as costas e os ombros curvados e a cabeça inclinada para a frente.

Para melhorar o tônus muscular da cintura escapular e dos braços, sente-se ereto, coloque as mãos sobre a mesa, com as palmas para baixo e os cotovelos dobrados, e faça força tentando erguer o corpo da cadeira. Mantenha a pressão por alguns segundos. Repita a operação duas ou três vezes por dia.

Quando de pé, sentado ou deitado, retese os músculos do abdome e conserve-se assim durante cerca de seis segundos. Faça isso algumas vezes todos os dias.

Pense constantemente na impressão que passa uma pessoa curvada e ande com o corpo reto, sente-se com o corpo reto, sempre procurando manter uma boa postura.

Repouso, relaxamento e revitalização

Ter o repouso necessário é tão importante para seu corpo quanto ser exercitado. As necessidades de sono variam de pessoa para pessoa, e cada qual conhece melhor suas próprias necessidades. O importante é acordar revigorado e revitalizado. Eis aqui algumas sugestões para você aproveitar ao máximo suas horas de sono:

- Mantenha o quarto o mais escuro possível.
- Não leve seus problemas para a cama: se tiver de pensar, pense de maneira calma e repousante.
- Exercícios suaves antes de se deitar podem ser convenientes.
- Se sentir fome, coma alguma coisa leve ou tome alguma bebida quente e não estimulante.

O relaxar, físico e mental, está se tornando cada vez mais essencial no mundo rápido e agitado em que vivemos. Muitas tensões emocionais se refletem em tensões físicas (orgânicas e musculares).

Você pode reduzir conscientemente ambas as formas de tensão. Fisicamente pode aprender a relaxar grupos musculares. Eis um exemplo simples: estenda as mãos à sua frente e retese os músculos dos antebraços de modo que as mãos e os dedos fiquem retos; depois, relaxe-se de repente, de modo que as mãos caiam frouxas. Faça isso com outros músculos: retese e depois relaxe. Estire-se, contorça-se e retorça-se para ficar em estado de relaxamento.

Para relaxamento mental, procure conscientemente ter pensamentos agradáveis e repousantes, ignorando por algum tempo as dificuldades do dia. Formas saudáveis de recreação (piqueniques, jogos etc.) são ótimos meios de descarregar não apenas as tensões físicas, mas também algumas das tensões mentais.

O exercício e o coração

Há muitos conceitos errôneos sobre o exercício e seu efeito sobre o coração. "Exercícios são nocivos". Tolice. Não há prova que sustente essa afirmação. Há toda uma sólida e coerente concepção sustentando que o exercício, se apropriado à idade e à condição física, além de continuado, ajuda a reduzir a possibilidade de enfermidade cardíaca e vascular. O exercício, em forma branda, naturalmente, é recomendado como parte da fase de recuperação nos casos de doenças cardíacas ou coronárias. Há também indícios mostrando que o exercício é benéfico ao funcionamento do sistema cardiovascular.

Um bom programa de condicionamento pode render muitos benefícios para um coração sadio. Pesquisas demonstraram que o coração de uma pessoa treinada acelera sua pulsação sob tensão em ritmo mais lento e volta depois mais rapidamente ao seu ritmo normal que o de uma pessoa sedentária; que bombeia mais sangue por pulsação em repouso e que pode bombear mais durante o exercício; que tem capilares mais ricamente desenvolvidos abastecendo o músculo cardíaco e que funciona de modo mais eficiente. Um sistema cardiovascular eficaz significa melhor suprimento de alimentação e oxigênio para os músculos (pois é o sangue que transporta esses ingredientes) e uma recuperação mais rápida após esforço, seja no trabalho, no divertimento ou no exercício.

NOTA DE ADVERTÊNCIA – Pessoas com 35 anos ou mais e todas aqueles que suspeitem ter alguma deficiência no coração devem se submeter a completo exame médico antes de empenhar-se em um programa vigoroso de exercícios. Especialistas observaram que um coração já afetado por doença sofre lesão adicional em formas extremas de exercício. Deve-se evitar esforço repentino e violento depois de um período de inatividade.

Adquira vigor e resistência

O vigor e a resistência do corpo podem ser aumentados por meio de exercício regular. Essas melhorias se fazem sentir principalmente nos músculos e órgãos que são exercitados – não se pode fortalecer os braços e os ombros exercitando as pernas. Para melhorar a condição de todos os músculos é preciso executar um programa que faça trabalhar todos eles.

O vigor de um músculo é medido pela quantidade de força que pode exercer e depende do tamanho e do número das fibras nervosas que podem ser acionadas a qualquer momento e da frequência dos impulsos nervosos que chegam até elas.

A resistência está relacionada com a capacidade de repetir uma ação inúmeras vezes ou de sustentar uma contração muscular.

Como o combustível para a contração muscular é levado pelo sangue, a resistência depende principalmente do funcionamento do sistema cardiorrespiratório (coração, vasos sanguíneos e pulmões) – isto é, da capacidade que o organismo tem de transportar eficientemente alimento e oxigênio até os músculos e deles retirar os detritos.

O corpo humano precisa de uso apropriado para funcionar eficazmente e resistir. O corpo é muito diferente de uma máquina que se desgasta com o uso. Muitas pessoas já observaram que os músculos de um braço ou perna engessados tornam-se menores e mais fracos quanto mais tempo o braço ou a perna permanecer imobilizado. Mesmo se tratando de um caso extremo, é na verdade o que acontece em menor escala aos músculos do corpo quando não são suficientemente utilizados.

Exercícios acima e além das exigências normais da vida cotidiana são essenciais ao desenvolvimento de um corpo eficiente, forte e durável. A aparência mais agradável e a sensação de bem-estar que disso resultam são benefícios adicionais que não podem ser desprezados.

Advertência

Antes de iniciar

Em caso de dúvida quanto à sua capacidade de executar este programa, *consulte seu médico*.

Você não deve executar atividades física rápida, vigorosa ou altamente competitivas sem desenvolver passo a passo – e manter por um longo período – um nível adequado de aptidão física, sobretudo se tiver mais de 30 anos de idade.

5BX

Para Homens
Cinco exercícios 11 minutos por dia

Aptidão física

O corpo humano é constituído em sua maior parte por ossos, músculos e gordura. Cerca de 639 músculos diferentes representam quase 45% do peso do corpo. Cada um desses músculos tem quatro qualidades distintas e mensuráveis que são de interesse para nós:

1. Capacidade de produzir força que pode ser medida como vigor do músculo.
2. Capacidade de armazenar energia que lhe permita trabalhar por longos períodos, havendo ou não circulação. A isso geralmente se dá o nome de resistência muscular.
3. Capacidade de encurtar-se em ritmos variáveis. A isso se dá o nome de rapidez de contração.
4. Capacidade de esticar e retrair-se. A isso se dá o nome de elasticidade do músculo.

A combinação dessas quatro qualidades do músculo é chamada *poder muscular*.

Para funcionar de maneira eficaz, os músculos precisam ser continuamente abastecidos de combustível de energia. Isso é feito pelo sangue que leva o combustível de energia dos pulmões e do sistema digestivo até os músculos. O sangue é forçado por meio dos vasos sanguíneos pelo coração. A capacidade combinada de fornecer combustível de energia aos músculos em atividade é chamada *poder orgânico*.

A capacidade e eficiência com que o corpo é capaz de funcionar depende do grau de desenvolvimento tanto de sua capacidade muscular como de sua capacidade orgânica por meio de exercícios regulares. Todavia, o nível até o qual se pode desenvolver esses poderes é influenciado por fatores como genética, alimentação, a presença ou ausência de doença, repouso e sono.

Você só está fisicamente apto quando desenvolveu convenientemente seu poder muscular e orgânico para agir com a máxima eficiência.

Até que ponto você deve ser apto?

A genética e a saúde determinaram os limites máximos a que pode ser desenvolvida sua capacidade física. Isso é o que se chama capacidade física potencial. Essa capacidade potencial varia de pessoa para pessoa. A maioria de nós, por exemplo, poderia treinar a vida inteira e jamais chegar a correr com velocidade que nem de longe se aproxime da marca de 2,5 minutos por quilômetro, e por quê? Porque não fomos "feitos" para isso.

O nível máximo em que você pode agir fisicamente *neste momento* é chamado "capacidade adquirida" porque foi adquirido ou desenvolvido por meio de atividade física nas rotinas cotidianas.

O corpo, a exemplo de um automóvel, funciona mais eficazmente quando bem abaixo da capacidade adquirida. Um automóvel, por exemplo, correndo à velocidade máxima de, digamos, 160 km/h, consome mais gasolina por quilômetro do que se estivesse correndo a 80-100 km/h, o que fica bem abaixo de sua capacidade. Seu corpo funciona da mesma maneira, no sentido de que a proporção de trabalho executado em relação à energia despendida é melhor quando ele funciona bem abaixo da capacidade adquirida.

Você pode evitar desperdício de energia atingindo um nível de capacidade física bem acima do exigido para a execução de suas tarefas cotidianas normais. Isso pode ser conseguido suplementando sua atividade física cotidiana com um programa equilibrado de exercícios executados regularmente. Sua capacidade é maior à medida que você aumenta progressivamente a carga sobre seus sistemas muscular e orgânico.

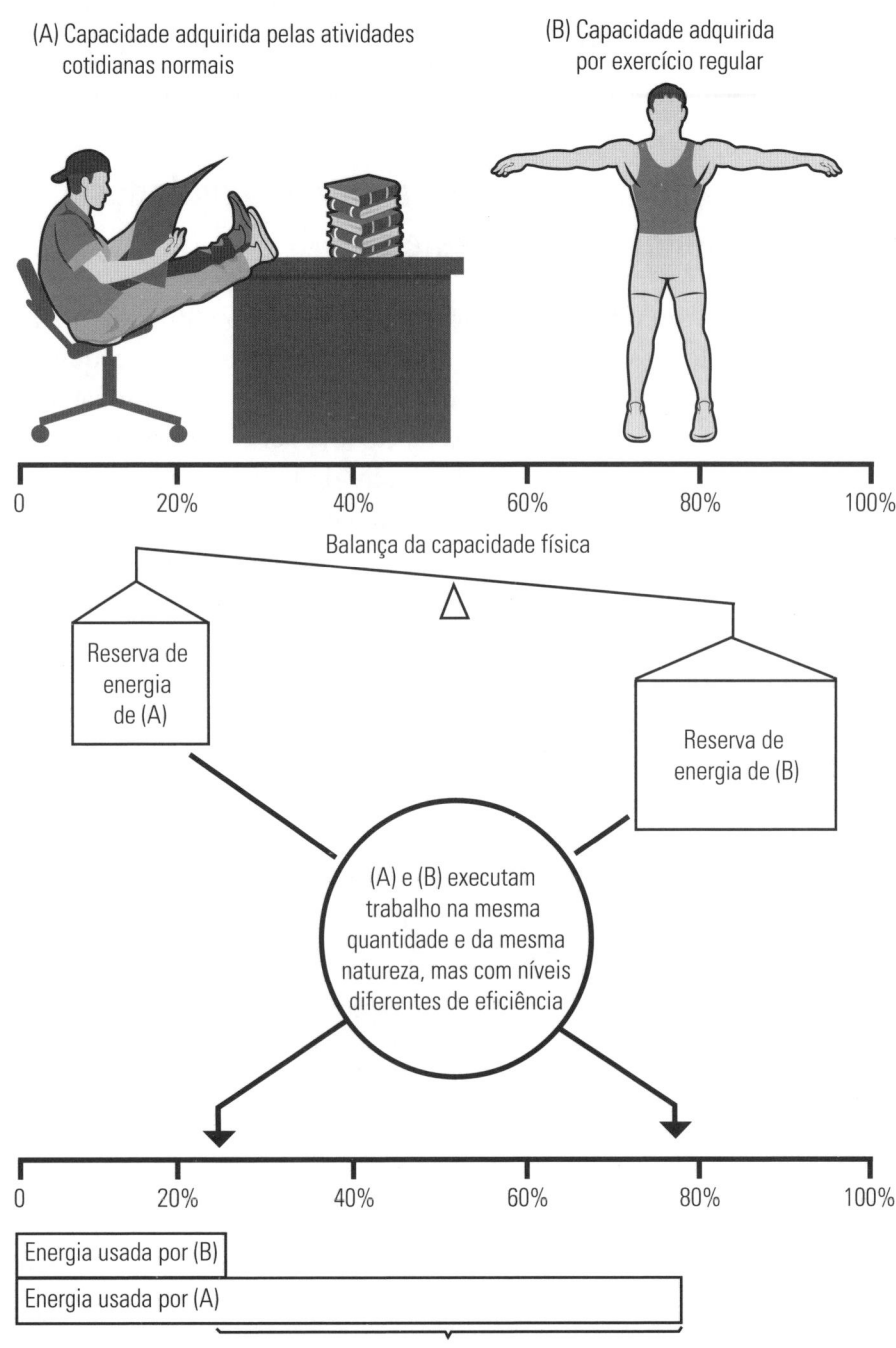

O exercício aumenta a resistência física e o vigor constitucional proporcionando assim maior reserva de energia para as atividades das horas de lazer.

A contribuição dos esportes e outras atividades para a eficiência física básica

Assim como uma dieta equilibrada precisa se constituir de quantidade suficiente das espécies adequadas de alimentos para que as necessidades nutricionais sejam convenientemente atendidas, um programa equilibrado de atividades física deve ser composto do montante suficiente de espécie adequada de atividade física para que todas as partes importantes do corpo sejam convenientemente exercitadas.

As partes do corpo que exigem atenção especial são os músculos dos ombros, dos braços, do abdome, das costas e das pernas, além do coração, dos pulmões e dos vasos sanguíneos.

Nenhum esporte proporciona sozinho um real desenvolvimento equilibrado de todas as partes do corpo. Isso só pode ser conseguido pela participação regular em diversos esportes cuidadosamente selecionados. Essa participação, porém, não se faz possível para uma pessoa mediana por diferentes razões – falta de oportunidade para recreação, falta de tempo e de dinheiro. O plano de aptidão física mais adequado para a maioria consiste em praticar um ou dois esportes, suplementados com um conjunto equilibrado de exercícios. O programa 5BX foi elaborado para colocar a aptidão física ao alcance de qualquer pessoa sadia que esteja disposta a dedicar 11 minutos de seu dia a um conjunto de exercícios simples, porém equilibrados.

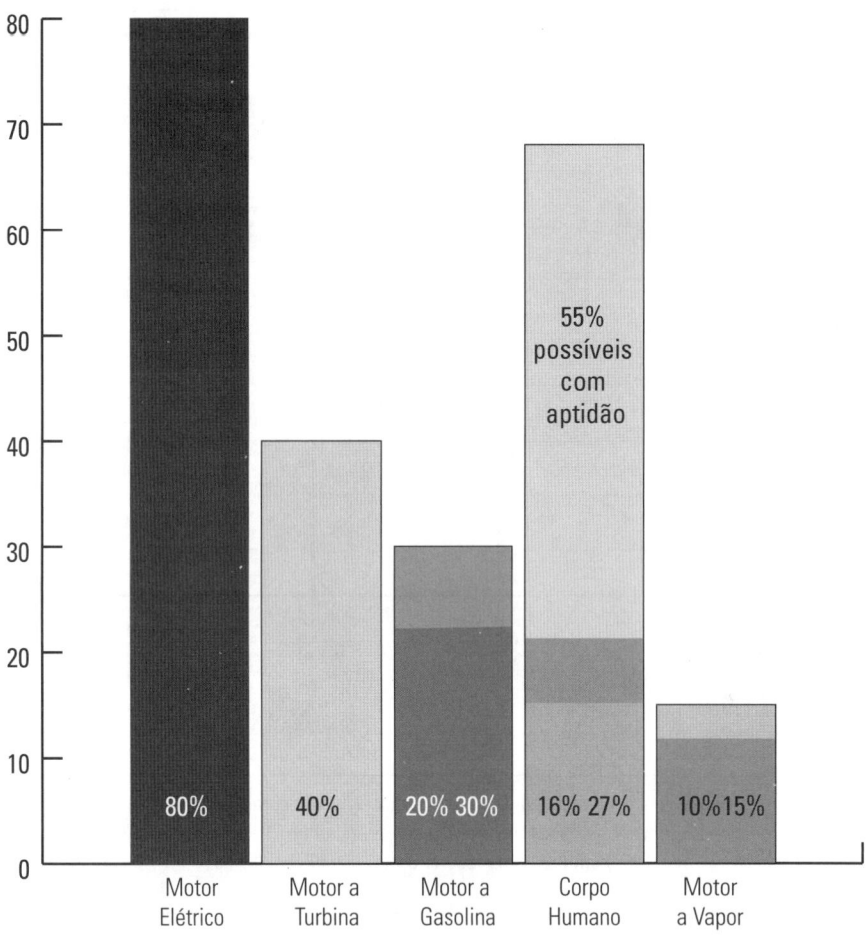

A eficiência do corpo humano é pequena em comparação com a das máquinas modernas. Contudo, através de exercício regular, sua eficiência pode ser consideravelmente aumentada.

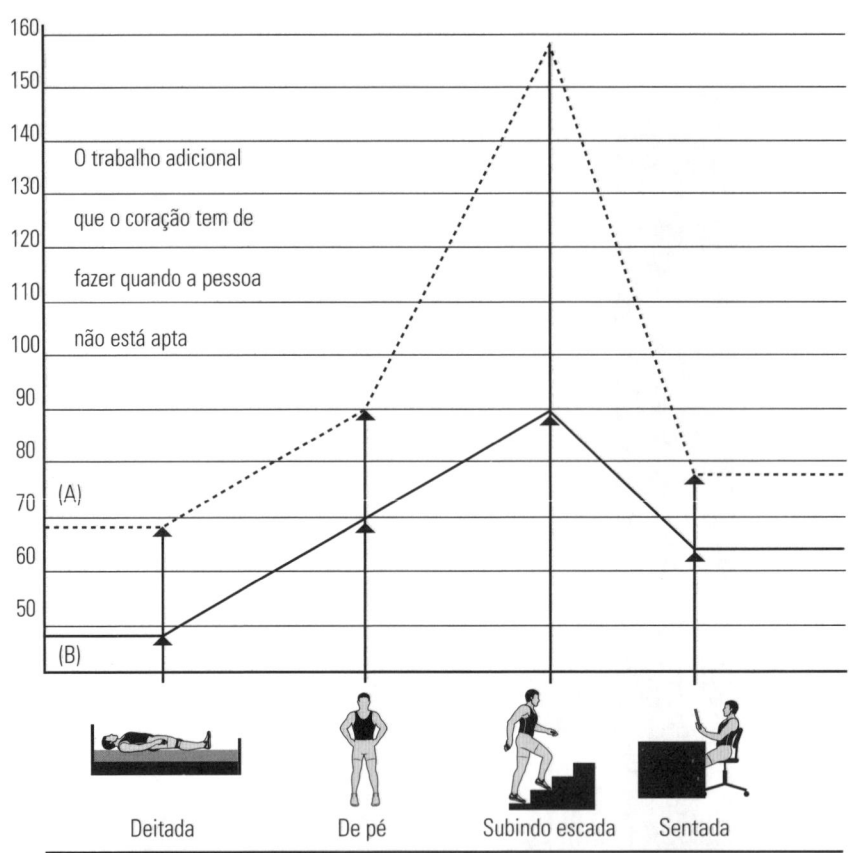

Este gráfico exemplifica o número de pulsações do coração necessárias nas diferentes atividades de rotina de um ser humano, (A) antes e (B) depois de um programa regular e vigoroso de exercícios.

Bom senso nos exercícios

"De nada lhe adiantará fazer exercícios a menos que os faça até doer" – costumam dizer. É absolutamente falso. Embora você possa obter algum benefício fazendo exercícios "até doer", isso não é necessário para adquirir um nível adequado de aptidão física. De fato, podem ser obtidos do exercício maiores benefícios se se evitar deixar os músculos rijos e doloridos.

Existem basicamente dois meios de evitar desconforto e, mesmo assim, desenvolver altos níveis de capacidade física:

- Esquente-se convenientemente antes de participar de qualquer atividade física de alta intensidade, como corrida de velocidade, handebol, tênis etc.
- Inicie qualquer programa de treinamento em baixo nível de atividade e aumente gradativamente por etapas fáceis.

Aquecimento

O Plano 5BX foi elaborado de modo a não ser necessária qualquer atividade adicional para aquecer-se a fim de obter benefícios máximos.

Quanto mais idosa é a pessoa, mais necessário se faz o aquecimento a fim de evitar músculos "distendidos". O Plano 5BX tem um método interno de aquecimento. Consegue-se isso de duas maneiras:

- pela ordenação dos exercícios;
- pela maneira como esses exercícios são executados.

Por exemplo, o primeiro exercício é o de distender e afrouxar, o que torna flexíveis os grandes músculos do corpo. O exercício deve ser iniciado lenta e sossegadamente, com aumento gradual na rapidez e no vigor.

Vejamos como esse princípio se aplica ao Exercício 1, no qual você deve tocar o chão com as mãos. Você não deve se forçar a fazer isso na primeira tentativa, mas começar abaixando-se delicada e vagarosamente até onde puder, sem esforço excessivo. Depois, em cada tentativa subsequente, curve-se um pouco mais e, ao mesmo tempo, faça o exercício um pouco mais depressa, de modo que ao fim de dois minutos esteja tocando o chão e movendo-se com a rapidez necessária. Todos os exercícios podem ser feitos dessa maneira.

Se resolver fazer os exercícios pela manhã e for o tipo de pessoa que demora para se levantar, logo que o despertador tocar, espreguice-se, arqueie as costas, levante as pernas e comece a fazer o exercício chamado "bicicleta".

O que é o Plano 5BX?

O Plano **5BX** é constituído de seis tabelas ordenadas em progressão. Cada tabela é formada por cinco exercícios que são sempre feitos na mesma ordem e no mesmo limite máximo de tempo. Contudo, à medida que você progride de tabela para tabela, há em cada exercício básico ligeiras modificações com uma exigência gradual de maior esforço.

Uma amostra da escala de classificação da Tabela 3 é reproduzida na página oposta e deve ser usada da seguinte maneira:

Nível

São os níveis de capacidade física, cada qual indicado por uma letra do alfabeto.

Exercícios

Exercícios 1, 2, 3 e 4 aplicam-se aos quatro primeiros exercícios descritos e ilustrados nas páginas seguintes. A coluna encabeçada por 1 representa o Exercício 1 (tocar as pontas dos pés) etc. Os algarismos em cada coluna indicam o número de vezes que cada exercício deve ser repetido no tempo atribuído ao mesmo. O Exercício 5 consiste em correr sem sair do lugar. Todavia, pode ser substituído por duas atividades. Se preferir, você pode correr ou andar na distância recomendada e no tempo requerido em vez de correr sem sair do lugar, como consta do Exercício 5.

Tempo para cada exercício

O tempo atribuído a cada exercício é aqui anotado e se conserva igual em todas as tabelas. O tempo total para os Exercícios de 1 a 5 é de 11 minutos.

Nota:

É importante que os exercícios em qualquer nível sejam completados em 11 minutos. *Todavia, é provável que nas fases iniciais uma pessoa complete determinados exercícios em menos tempo que o indicado, enquanto outros talvez exijam mais tempo.* Em tais circunstâncias, os tempos atribuídos aos exercícios individuais podem variar no período total de 11 minutos.

Grupos de Idade			Pessoal de Bordo		
12	anos até	D+	40-44	anos até	A+
13	anos até	C+	45-49	anos até	B
14	anos até	B+			
35-39	anos até	B			
40-44	anos até	C			

Tabela 3
Escala de Classificação de Capacidade Física

Nível	Exercício					1,6 km correndo	3,2 km andando
	1	2	3	4	5	em minutos	
A+	30	32	47	24	550	8	25
A	30	31	45	22	540	8	25
A-	30	30	43	21	525	8	25
B+	28	28	41	20	510	8 1/2	26
B	28	27	39	19	500	8 1/2	26
B-	28	26	37	18	490	8 1/2	26
C+	26	25	35	17	480	8 1/2	27
C	26	24	34	17	465	8 1/2	27
C-	26	23	33	16	450	8 1/2	27
D+	24	22	31	15	430	8 1/2	28
D	24	21	30	15	415	8 1/2	28
D-	24	20	29	15	400	8 1/2	29
Minutos para cada exercício	2	1	1	1	6		

1) Pés separados e braços erguidos. Toque o chão 15 cm para fora do pé esquerdo, depois entre os pés, abaixe-se energicamente uma vez, em seguida toque o chão 15 cm para fora do pé direito. Curve-se para trás até o máximo possível. Repita. Inverta a direção depois de metade do número de vezes.

2) Deite-se de costas, com os pés separados por uma distância de 15 cm e as mãos unidas na nuca. Sente-se em posição vertical, conservando os pés no chão. Apoie os pés embaixo de uma poltrona ou similar – se necessário.

3) Deite-se de bruços, com as mãos trançadas atrás das costas. Erga a cabeça, os ombros, o peito e as duas pernas o mais alto possível. Conserve as pernas esticadas. O peito e as coxas devem erguer-se completamente do chão.

4) Deite-se de bruços, com as mãos na altura dos ombros e palmas encostadas no chão. Encoste o queixo no chão à frente das mãos. Encoste a testa no chão atrás das mãos antes de voltar a erguer o corpo.

   Há três movimentos definidos: queixo, testa e braços retos. Não faça tudo em um único movimento contínuo.

5) Corra sem sair do lugar (conte um passo cada vez que o pé esquerdo tocar o chão). Erga os pés a aproximadamente 10 cm do chão. Depois de 75 passos, dobre os joelhos dez vezes. Repita a sequência até completar o número indicado de passos.

   Dobrar os joelhos – Pés juntos, mãos nos quadris, joelhos dobrados de modo a formar um ângulo de cerca de 110 graus. Não dobre os joelhos além de um ângulo reto.

   Endireite o corpo, erguendo os calcanhares do chão. Volte à posição inicial cada vez.

   Conserve os pés em contato com o chão. Conserve as costas verticais e retas o tempo todo.

   NOTA:
   Esta tabela é apenas como exemplo. As tabelas para uso começam na página 32.

Até onde você deve progredir?

O nível de capacidade física até onde você deve progredir é determinado pela sua "Faixa Etária". Para "Pessoal de Bordo" os níveis são relacionados separadamente. Os níveis de capacidade física deste plano baseiam-se na expectativa de indivíduos medianos. Use os objetivos como guias e aplique-os com bom senso.

Algumas sugestões

Ao começar, vença o primeiro desejo de "pular" um dia; depois vença todos os desejos na medida de sua ocorrência. Este programa de exercícios se revelará bastante agradável. Quanto mais tempo você o executar, mais prazer sentirá nele.

À medida que progredir no programa, você talvez encontre alguns níveis quase impossíveis de ser completados em 11 minutos. Esforce-se bastante. Talvez leve alguns dias ou mesmo semanas, até que, de repente, você se verá avançando de novo.

Contar os passos no Exercício 5 pode ser difícil. Às vezes você poderá perder a conta muito facilmente. Se tiver esse problema, eis aqui um meio fácil para resolvê-lo: divida o número total de passos exigidos por 75 e anote o resultado. Coloque sobre uma mesa ou cadeira ao alcance da mão uma fileira de botões, correspondendo ao número desse resultado. Conte seus primeiros 75 passos, faça os dez movimentos exigidos e tire o primeiro botão. Repita até tirar todos os botões, fazendo assim todos os passos exigidos.

Para alguma variação, um exercício pode ser substituído por outro da tabela anterior.

Como começar

Examine sua rotina e determine a hora mais conveniente para fazer os exercícios. Devem ser feitos todos os dias à mesma hora.

Algumas sugestões:

- antes do café da manhã;
- no fim da manhã ou da tarde, em seu local de trabalho;
- depois de seu período de recreação;
- à noite, imediatamente antes de deitar-se.

Seja qual for a hora que escolher, *comece hoje.*

> **RITMO MÁXIMO DE PROGRESSÃO NA TABELA 1**
> **DE ACORDO COM A IDADE**
>
> 20 anos ou menos, pelo menos 1 dia em cada nível
> 20-29 anos, pelo menos 2 dias em cada nível
> 30-39 anos, pelo menos 4 dias em cada nível
> 40-49 anos, pelo menos 7 dias em cada nível
> 50-59 anos, pelo menos 8 dias em cada nível
> 60 anos ou mais, pelo menos 10 dias em cada nível

(Se você se sentir endurecido ou dolorido, ou se tiver uma injustificável falta de ar em qualquer ocasião, afrouxe e diminua o ritmo de progressão. Isso se aplica particularmente aos grupos de idade mais avançada.)

Uma nota de advertência

Você pode se sentir capaz de começar em um nível mais alto e progredir em ritmo mais acelerado do que o indicado, mas não o faça. Comece pelo final da Tabela 1 e avance de nível para nível como está recomendado.

Para obter melhores resultados com 5BX, os exercícios devem ser feitos regularmente. Lembre-se de que talvez você leve seis, oito, dez ou mais meses de exercícios diários para atingir o nível que lhe é recomendado, mas após tê-lo atingido, apenas três períodos de exercício por semana manterão esse nível de capacidade física.

Se por qualquer razão (doença etc.) você deixar de fazer o 5BX regularmente e quiser começar de novo, *não* recomece no nível que havia atingido anteriormente.

Recue vários níveis até encontrar um em que possa se exercitar sem esforço excessivo. Depois de um período de inatividade de mais de dois meses – ou um mês, quando causado por doença – é recomendável começar de novo na Tabela 1.

Como progredir

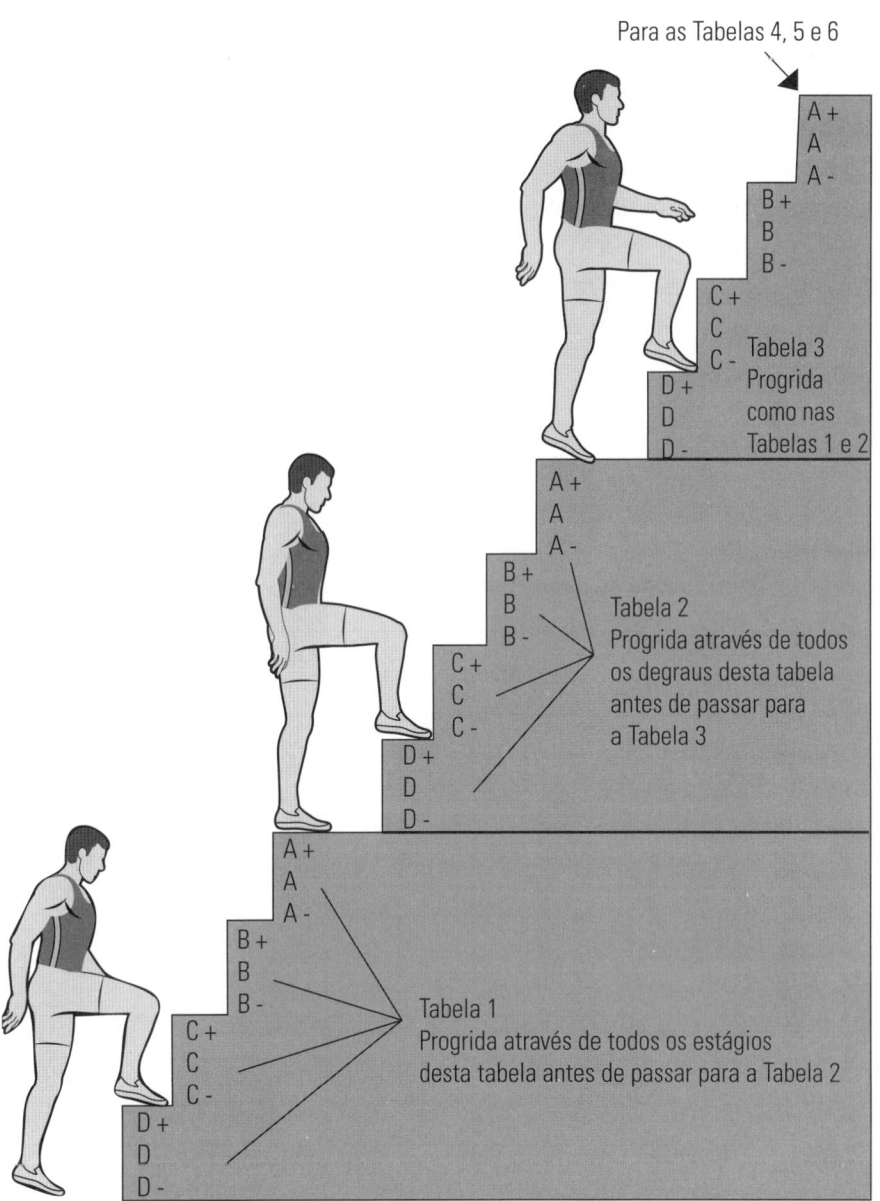

Comece no mais baixo nível de capacidade Física da Tabela 1 (D-). Repita cada exercício no tempo indicado ou faça os 5 exercícios em 11 minutos. Só suba na mesma tabela para o nível seguinte (D) quando puder completar todos os movimentos exigidos em seu atual nível dentro de 11 minutos. Continue a progredir para cima dessa maneira até completar todos os movimentos exigidos no nível A+ dentro de 11 minutos. Então, comece no fim da Tabela 2 (D-) e continue a subir através dos níveis e de tabela para tabela até atingir o nível indicado para a sua faixa etária; por exemplo, a idade de 35-39 (Tabela 3B) faz 32 níveis desde D- na Tabela 1 até B na Tabela 3.

Grupos de Idade
6 anos até B
7 anos até A

Tabela 1
Escala de Classificação de Capacidade Física

Nível	Exercício					800 metros correndo	800 metros andando
	1	2	3	4	5	em minutos	
A+	20	18	22	13	400	$5^{1/2}$	17
A	18	17	20	12	375	$5^{1/2}$	17
A-	16	15	18	11	335	$5^{1/2}$	17
B+	14	13	16	9	320	6	18
B	12	12	14	8	305	6	18
B-	10	11	12	7	280	6	18
C+	8	9	10	6	260	$6^{1/2}$	19
C	7	8	9	5	235	$6^{1/2}$	19
C-	6	7	8	4	205	$6^{1/2}$	19
D+	4	5	6	3	175	7	20
D	3	4	5	3	145	$7^{1/2}$	21
D-	2	3	4	2	100	8	21
Minutos para cada exercício	2	1	1	1	6		

Exercício 1

1) Pés separados e braços erguidos. Curve-se para frente até tocar o chão com os dedos, depois estire-se para cima e incline-se para trás.
   Não se esforce para manter os joelhos retos.

Exercício 2

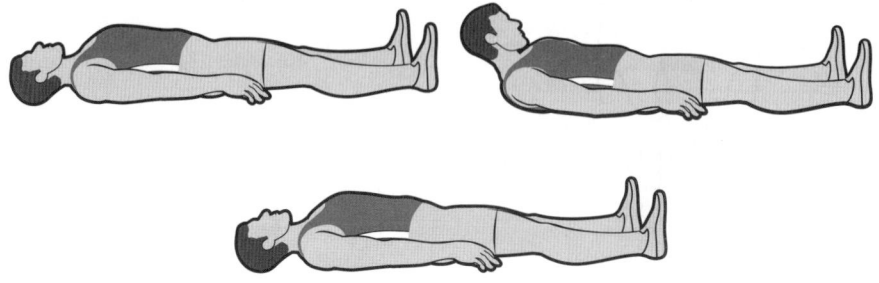

2) Deite-se de costas, com os pés separados a uma distância de 15 cm, e os braços estendidos dos lados.
Erga-se apenas o suficiente para ver os calcanhares.
Conserve as pernas retas. A cabeça e os ombros devem erguer-se do chão.

Exercício 3

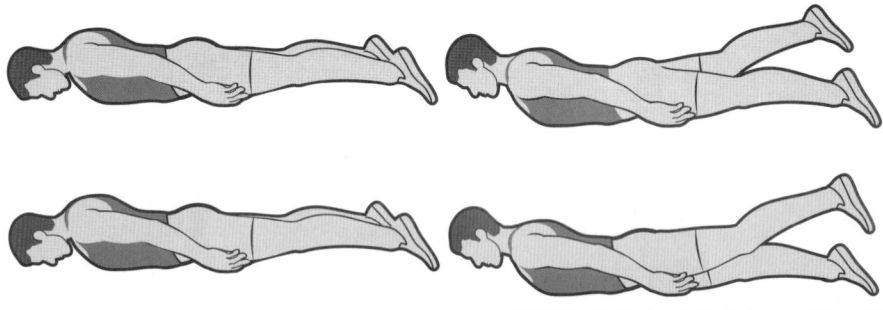

3) Deite-se de bruços, com as palmas das mãos embaixo das coxas. Erga a cabeça e uma perna. Repita erguendo as pernas alternadamente.
Conserve a perna reta no joelho. As coxas devem erguer-se das palmas das mãos. (Conte cada vez que a segunda perna tocar o chão.)

Exercício 4

4) Deite-se de bruços, com as mãos sob os ombros e as palmas encostadas no chão. Endireite os braços erguendo a parte superior do corpo. Conserve os joelhos no chão. Dobre os braços para abaixar o corpo. Conserve o corpo reto dos joelhos para cima. Os braços devem ficar completamente estendidos. O peito deve tocar o chão para completar um movimento.

Exercício 5

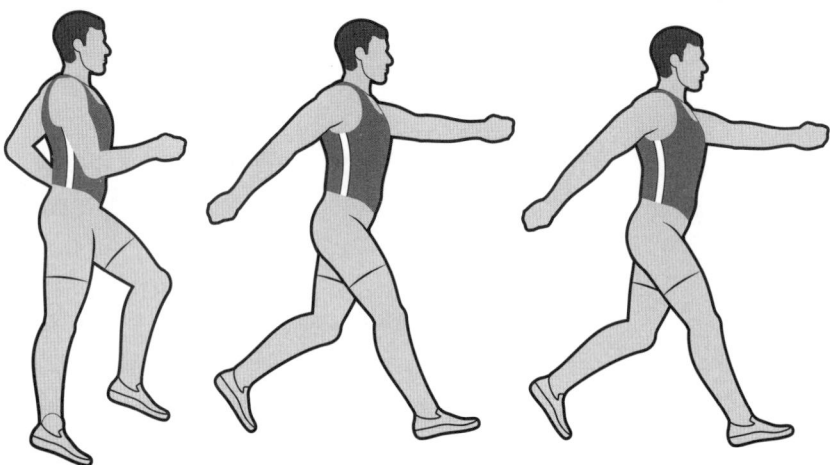

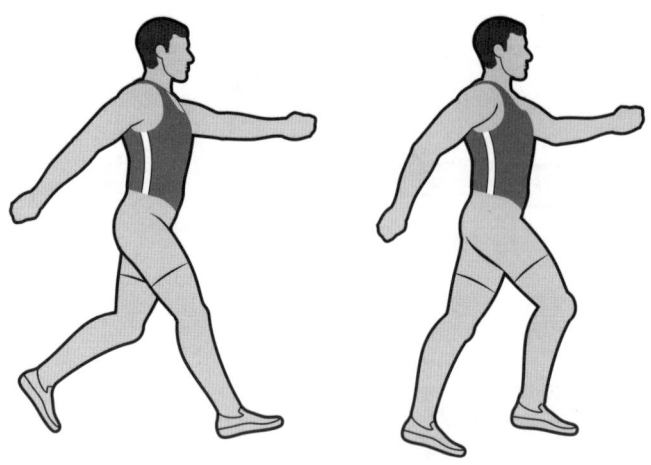

5) Corra sem sair do lugar (conte um passo cada vez que o pé esquerdo tocar o chão).
Erga os pés até aproximadamente 10 cm do chão. Depois de cada 75 passos dê 10 "saltos tesouras". Repita a sequência até completar o número de passos exigido.

Saltos tesouras: fique de pé, com a perna direita e o braço esquerdo estendidos para a frente e a perna esquerda e o braço direito estendidos para trás. Salte, mudando a posição dos braços e pernas antes de tocar o chão. Repita. (Braços na altura dos ombros.)

Grupos de Idade
8 anos até D-
9 anos até C-
10 anos até B-
11 anos até A-
45-49 anos até A+
50-60 anos até C+

Tabela 2
Escala de Classificação de Capacidade Física

Nível	Exercício					1,6 km correndo	3,2 km andando
	1	2	3	4	5	em minutos	
A+	30	23	33	20	500	9	30
A	29	21	31	19	485	9	31
A-	28	20	29	18	470	9	32
B+	26	18	27	17	455	$9^{1/2}$	33
B	24	17	25	16	445	$9^{1/2}$	33
B-	22	16	23	15	440	$9^{1/2}$	33
C+	20	15	21	14	425	10	34
C	19	14	19	13	410	10	34
C-	18	13	17	12	395	10	34
D+	16	12	15	11	380	$10^{1/2}$	35
D	15	11	14	10	360	$10^{1/2}$	35
D-	14	10	13	9	335	$10^{1/2}$	35
Minutos para cada exercício	2	1	1	1	6		

Exercício 1

1) Pés separados e braços erguidos. Toque o chão com os dedos e abaixe-se energicamente uma vez. Depois estire-se para cima e incline-se para trás.

Exercício 2

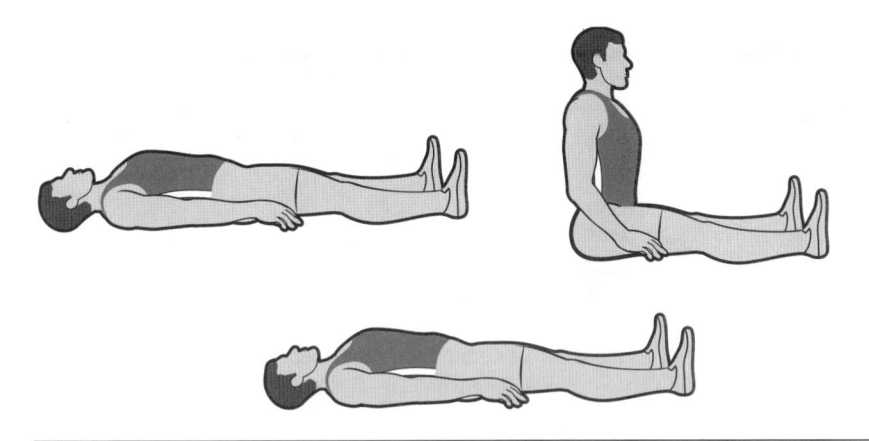

2) Deite-se de costas, com os pés separados por uma distância de 15 cm e os braços estendidos dos lados.
Sente-se com o tronco em posição vertical. Conserve os pés no chão – se preciso for, prenda-os embaixo de uma poltrona ou algo similar.

Exercício 3

3) Deite-se de bruços, com as palmas das mãos colocadas sob as coxas.
Erga a cabeça, os ombros e as pernas.
Conserve as pernas retas. Ambas as coxas devem erguer-se das palmas das mãos.

Exercício 4

4) Deite-se de bruços, com as mãos sob os ombros e as palmas encostadas no chão. Endireite os braços para erguer o corpo só com as palmas das mãos e as pontas dos pés no chão. Costas retas.
O peito deve tocar o chão para completar cada movimento após os braços terem sido inteiramente estendidos.

Exercício 5

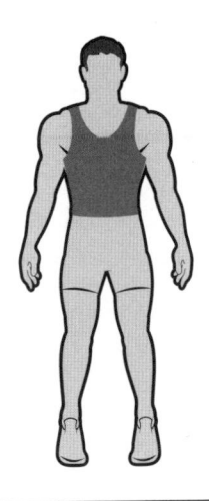

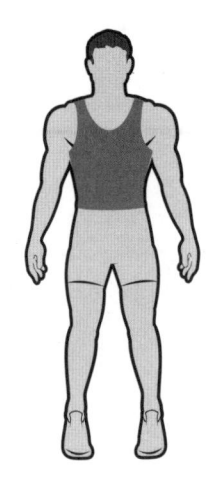

5) Corra sem saia do lugar (conte um passo cada vez que o pé esquerdo tocar o chão). Erga os pés até aproximadamente 10 cm do chão. Depois de cada 75 passos, dê 10 saltos de pernas abertas. Repita a sequência até completar o número exigido de passos.

Saltos de pernas abertas – Pés juntos e braços caídos dos lados. Salte e pouse com os pés separados e os braços erguidos de lado ligeiramente acima da altura do ombro. Volte com um salto à posição inicial para contar um movimento.

Conserve os braços retos.

Grupos de Idade

12 anos até D+
13 anos até C+
14 anos até B+
35-39 anos até B
40-44 anos até C

Pessoal de Bordo

40-44 anos até A+
45-49 anos até B

Tabela 3
Escala de Classificação de Capacidade Física

Nível	Exercício					1,6 km correndo	3,2 km andando
	1	2	3	4	5	em minutos	
A+	30	32	47	24	550	8	25
A	30	31	45	22	540	8	25
A-	30	30	43	21	525	8	25
B+	28	28	41	20	510	$8^{1/4}$	26
B	28	27	39	19	500	$8^{1/4}$	26
B-	28	26	37	18	490	$8^{1/4}$	26
C+	26	25	35	17	480	$8^{1/2}$	27
C	26	24	34	17	465	$8^{1/2}$	27
C-	26	23	33	16	450	$8^{1/2}$	27
D+	24	22	31	15	430	$8^{3/4}$	28
D	24	21	30	15	415	$8^{3/4}$	28
D-	24	20	29	15	400	$8^{3/4}$	29
Minutos para cada exercício	2	1	1	1	6		

Exercício 1

1) Pés separados e braços erguidos. Toque o chão 15 cm para fora do pé esquerdo, novamente entre os pés, curve-se energicamente uma vez, depois toque o chão 15 cm para fora do pé direito. Incline-se para trás até o máximo possível. Repita. Inverta a direção depois da metade do número de vezes.

Exercício 2

2) Deite-se de costas, com os pés separados por uma distância de 15 cm e as mãos unidas na nuca. Sente-se com o tronco em posição vertical, conservando os pés no chão. Apoie os pés embaixo de uma poltrona ou móvel similar – se necessário.

Exercício 3

3) Deite-se de bruços, com as mãos entrelaçadas atrás das costas. Erga a cabeça, os ombros, o peito e as pernas o mais alto possível. Conserve as pernas retas. O peito e as coxas devem erguer-se completamente do chão.

Exercício 4

4) Deite-se de bruços, com as mãos sob os ombros e as palmas encostadas no chão. Encoste o queixo no chão à frente das mãos. Encoste a testa no chão atrás das mãos antes de voltar a erguer o corpo.

Há três movimentos definidos: queixo, testa e braços alinhados. Não faça tudo em um único movimento contínuo.

Exercício 5

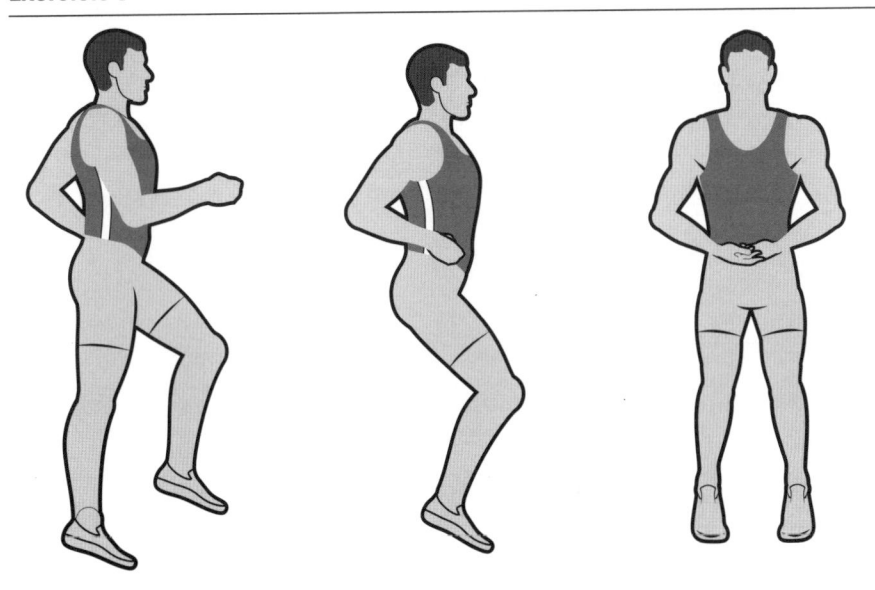

5) Corra sem sair do lugar (conte um passo cada vez que o pé esquerdo tocar o chão). Erga os pés até aproximadamente 10 cm do chão. Depois de 75 passos, dobre os joelhos 10 vezes. Repita a sequência até completar o número indicado de passos. Dobrar os joelhos – pés juntos, mãos nos quadris, joelhos dobrados de modo a formar um ângulo de cerca de 110 graus. Não dobre os joelhos além de um ângulo reto.

Endireite o corpo, erguendo os calcanhares do chão. Volte à posição inicial cada vez.

Conserve os pés em contato com o chão.

Conserve as costas na posição vertical e retas o tempo todo.

Pessoal de Bordo
30-34 anos até B
35-39 anos até C-

Grupos de Idade
15 anos até D-
16-17 anos até C+
25-29 anos até A+
30-34 anos até C-

Tabela 4
Escala de Classificação de Capacidade Física

Nível	Exercício					1,6 km correndo	3,2 km andando
	1	2	3	4	5	em minutos	
A+	30	22	50	42	400	7	19
A	30	22	49	40	395	7	19
A-	30	22	49	37	390	7	19
B+	28	21	47	34	380	$7^{1/4}$	20
B	28	21	46	32	375	$7^{1/4}$	20
B-	28	21	46	30	365	$7^{1/4}$	20
C+	26	19	44	28	355	$7^{1/4}$	21
C	26	19	43	26	345	$7^{1/2}$	21
C-	26	19	43	24	335	$7^{1/2}$	21
D+	24	18	41	21	325	$7^{3/4}$	23
D	24	18	40	19	315	$7^{3/4}$	23
D-	24	18	40	17	300	$7^{3/4}$	23
Minutos para cada exercício	2	1	1	1	6		

Exercício 1

1) Pés separados e braços erguidos. Toque o chão com as mãos do lado de fora do pé esquerdo e depois entre os pés. Curve-se energicamente uma vez. Depois toque o chão do lado de fora do pé direito. Curve-se para trás em círculo o máximo possível. Inverta a direção depois da metade do número de vezes. Conserve os braços acima da cabeça e faça um círculo completo, curvando-se para trás toda vez.

Exercício 2

2) Deite-se de costas, com as pernas retas, os pés juntos e os braços estendidos acima da cabeça. Sente-se e toque as pontas dos pés, conservando os braços e pernas retos. Use uma poltrona ou móvel similar para prender os pés, se necessário.

Conserve os braços em contato com os lados da cabeça durante todo o movimento.

Exercício 3

3) Deite-se do bruços, com as mãos e os braços estendidos para os lados. Erga a cabeça, os ombros, os braços, o peito e as duas pernas o mais alto possível.

Conserve as pernas retas. O peito e as coxas devem erguer-se completamente do chão.

Exercício 4

4) Deite-se de bruços, com as palmas das mãos encostadas no chão, a aproximadamente um pé de distância da orelha. Endireite os braços para erguer o corpo. O peito deve tocar o chão cada vez que for completado o movimento.

Exercício 5

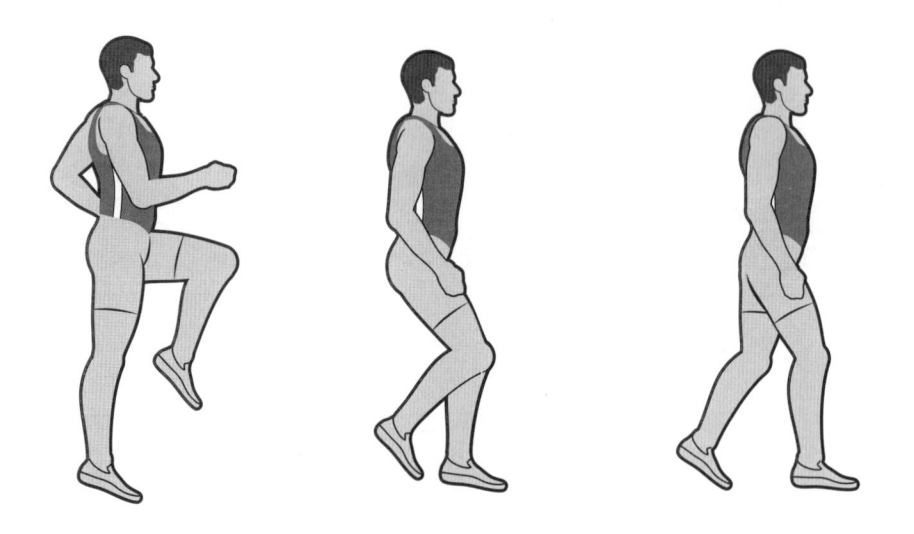

5) Correr sem sair do lugar (conte um passo cada vez que o pé esquerdo tocar o chão).
Erga os joelhos até a altura da cintura.
Depois de cada 75 passos dê 10 saltos meio abaixado.
Repita a sequência até completar o número exigido de passos.
Saltos meio abaixado – Assuma uma posição meio abaixada com as mãos sobre os joelhos e os braços retos. Conserve as costas bem retas. O pé direito fica ligeiramente à frente do esquerdo. Salte para a posição ereta com o corpo reto e os pés deixando o chão. Inverta a posição dos pés antes de pousá-los no chão. Volte à posição meio abaixado e repita.

Grupos de Idade
18-25 anos até C

Pessoal de Bordo
Menos de 25 até B+
25-29 anos até D+

Tabela 5
Escala de Classificação de Capacidade Física

Nível	Exercício					1,6 km correndo
	1	2	3	4	5	Minutos – Segundos
A+	30	40	50	44	500	6 : 00
A	30	39	49	43	485	6 : 06
A-	30	38	48	42	475	6 : 09
B+	28	36	47	40	465	6 : 12
B	28	35	46	39	455	6 : 15
B-	28	34	45	38	445	6 : 21
C+	26	32	44	36	435	6 : 27
C	26	31	43	35	420	6 : 33
C-	26	30	42	34	410	6 : 39
D+	24	28	41	32	400	6 : 45
D	24	27	40	31	385	6 : 51
D-	24	26	39	30	375	7 : 00
Minutos para cada exercício	2	1	1	1	6	

Exercício 1

1) Pés separados e braços erguidos, mãos juntas e braços retos. Toque o chão do lado de fora do pé esquerdo, depois entre os pés. Curve-se energicamente uma vez. Depois toque o chão do lado de fora do pé direito. Curve-se para trás em círculo o máximo possível. Inverta a direção depois de metade do número de vezes.

Exercício 2

2) Deite-se de costas, com as pernas retas, pés unidos, mãos juntas na nuca.

Sente-se e erga as pernas em posição curvada ao mesmo tempo que se vira para tentar encostar o cotovelo direito no joelho esquerdo. Isso completa um movimento.

Alterne a direção da virada em cada uma das vezes.

Conserve os pés fora do chão quando o cotovelo tocar o joelho.

Exercício 3

3) Deite-se de bruços, com os braços estendidos acima da cabeça.

Erga os braços, cabeça, peito e as duas pernas o mais alto possível.

Conserve os braços e pernas retos. O peito e as coxas devem se erguer completamente do chão.

Exercício 4

4) Deite-se de bruços com as mãos sob os ombros e as palmas encostadas no chão. Erga-se do chão e bata palmas antes de voltar à posição inicial. Conserve o corpo reto durante todo o movimento. A batida de palma deve ser audível.

Exercício 5

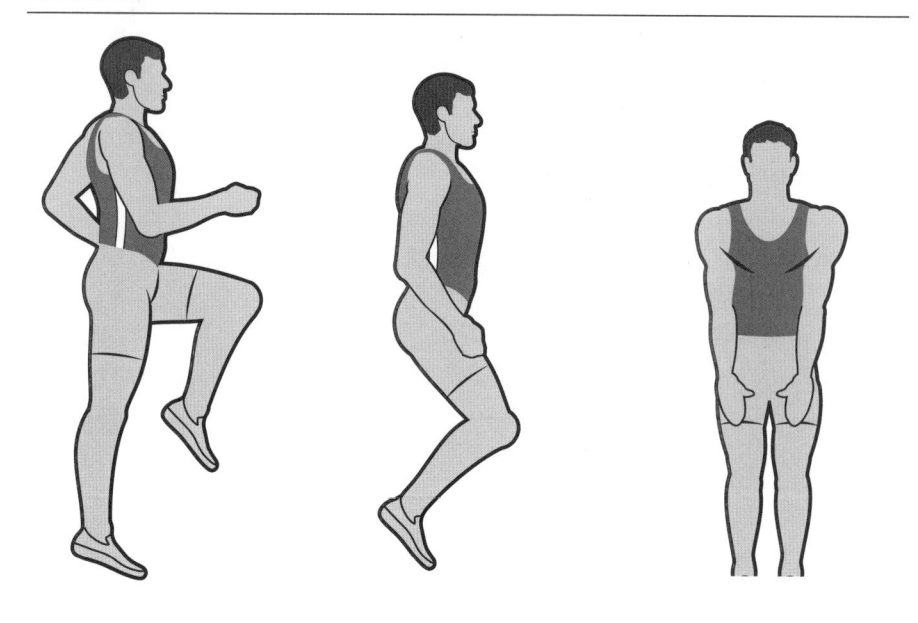

5) Correr sem sair do lugar (conte um passo cada vez que o pé esquerdo tocar o chão).

Erga os joelhos até a altura da cintura. Depois de cada 75 passos dê 10 saltos de pernas e braços abertos.

Repita esta sequência até completar o número de passos exigido.

Salto de braços e pernas abertos – com os pés juntos, fique em posição meio abaixada, com as mãos nos joelhos e os braços retos.

Salte abrindo os pés e balançando os braços acima da cabeça no ar. Volte diretamente à posição inicial ao pousar no chão.

Erga as mãos acima do nível da cabeça. Abra os pés pelo menos até a largura dos ombros antes de pousar com os pés juntos.

Tabela 6
Escala de Classificação de Capacidade Física

Nível	Exercício					1,6 km correndo
	1	2	3	4	5	Minutos – Segundos
A+	30	50	40	40	600	5 : 00
A	30	48	39	39	580	5 : 03
A-	30	47	38	38	555	5 : 09
B+	28	45	37	36	530	5 : 12
B	28	44	36	35	525	5 : 18
B-	28	43	35	34	515	5 : 24
C+	26	41	34	32	505	5 : 27
C	26	40	33	31	495	5 : 33
C-	26	39	32	30	485	5 : 39
D+	24	37	31	28	475	5 : 45
D	24	36	30	27	470	5 : 51
D-	24	35	29	26	450	6 : 00
Minutos para cada exercício	2	1	1	1	6	

As capacidades físicas desta tabela geralmente só são encontradas em atletas campeões.

Exercício 1

1) Pés separados, braços erguidos, mãos trançadas e braços retos. Toque o chão do lado de fora do pé esquerdo e depois entre os pés. Curve-se energicamente uma vez. Toque o chão do lado de fora do pé direito. Curve-se para trás em círculo o máximo possível. Inverta a direção depois da metade do número de vezes.

Conserve as mãos bem trançadas o tempo todo.

Exercício 2

2) Deite-se de costas, com as pernas retas, pés juntos, braços estendidos acima da cabeça. Sente-se e ao mesmo tempo erga ambas as pernas para tocar as pontas dos pés com as mãos, formando um "V".
Conserve os pés juntos, as pernas e braços retos. Toda a parte superior das costas e as pernas erguem-se do chão; os dedos tocam as pontas dos pés todas as vezes.

Exercício 3

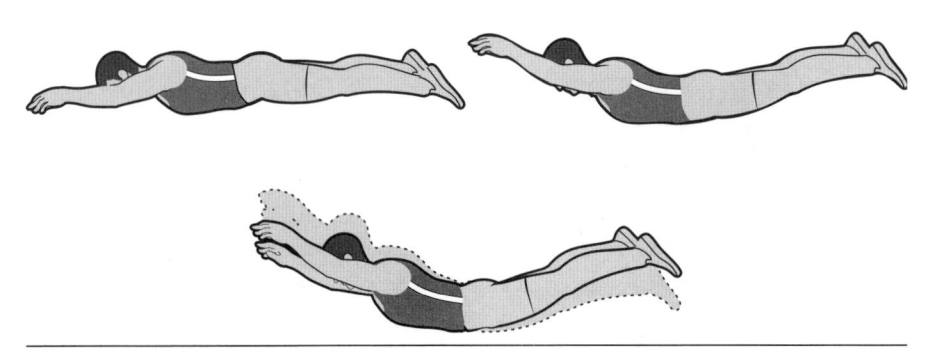

3) Deite-se de bruços, com os braços estendidos acima da cabeça. Erga os braços, a cabeça, o peito e as pernas o mais alto possível, depois faça força para trás uma vez. Conserve as pernas e os braços retos.
O peito e as coxas devem erguer-se completamente do chão.

Exercício 4

4) Deite-se de bruços, com as mãos sob os ombros e as palmas encostadas no chão. Erga-se do chão e bata as mãos no peito antes de voltar à posição inicial. Conserve o corpo reto durante todo o movimento. A batida no peito deve ser audível.

Exercício 5

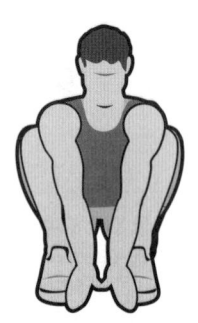

5) Correr sem sair do lugar (conte um passo cada vez que o pé esquerdo tocar o chão). Erga os joelhos até a altura da cintura. Depois de cada 75 passos, dê 10 saltos ornamentais. Repita até completar o número exigido de passos.

Salto ornamental – pés juntos, joelhos dobrados. Sente-se nos calcanhares com as pontas dos dedos tocando o chão.

Salte, erguendo as pernas até a altura da cintura. Conserve as pernas retas e toque as pontas dos pés com as mãos no ar. Conserve as pernas retas. Erga os pés até a altura da cintura se estiver em pé. Toque as pontas dos pés todas as vezes.

O plano XBX

Para Mulheres
Dez exercícios realizados 12 minutos por dia

Sua aparência

Sua aparência é controlada pela estrutura óssea de seu corpo e pelas proporções de gordura e músculos que você acrescentou a ela. Você nada pode fazer em relação a seu esqueleto, mas pode e deve fazer alguma coisa em relação à gordura e aos músculos.

Todos precisamos de certa quantidade de gordura em nosso corpo, por motivos funcionais. A gordura abranda os contornos ósseos do corpo; contribui para manter constante a temperatura do organismo e serve como reserva de energia. A gordura aparece em camadas na parte externa do corpo, cobre e forra os órgãos internos – coração e vasos sanguíneos, por exemplo – e também constitui parte dos músculos.

Exceto em certas condições neuróticas ou glandulares, as pessoas são gordas demais porque comem demais ou fazem exercício de menos.

O músculo é outro fator controlável da aparência. Quando jovens, somos muito ativos; os músculos de nosso corpo são usados e conservam aquela agradável firmeza – o tônus muscular. Quanto menos exercitamos os músculos, mais moles e frouxos eles se tornam. Com a falta de uso, ficam pequenos, menos elásticos e muito mais fracos. Grande parte do que se considera gordura na região abdominal nada mais é do que músculos estomacais frouxos, que possibilitam que os órgãos internos caiam para frente. Seus músculos exercem a mesma função que uma cinta – conserve-os tão elásticos quanto sua cinta.

Sendo a condição de seus músculos tão importante para sua aparência e para a maneira como você se sente, só dieta não é o melhor método para tentar melhorar suas medidas corporais. O melhor método é uma combinação de dieta e exercício. Uma coxa formada de pouco músculo e muita gordura pode ter a mesma medida que outra dotada de músculos firmes e ligeira camada de gordura, mas sejamos francos – não é a mesma coxa.

Não confunda tônus muscular bom com músculos volumosos e disformes. O XBX destina-se a firmar seus músculos – não a transformá-la em uma mulher musculosa.

Dieta

Para muitas mulheres, o conhecimento de que engordaram alguns quilos ou tiveram aumento de alguns centímetros em suas medidas provoca o que pode ser chamado de "Reflexo de Dieta". Sem uma pausa para consultar o médico, recorrem imediatamente à sua dieta favorita, que no mais das vezes é um jejum. Se você quiser fazer uma dieta rigorosa, consulte primeiro seu médico.

Em geral, você pode evitar a necessidade de recorrer à redução drástica do consumo de alimentos pela manutenção constante de hábitos dietéticos sensatos. Na pessoa normal, a gordura se acumula no corpo muito vagarosamente. Podem passar semanas ou mesmo meses até que você note essa acumulação gradual. Você não pode esperar que essa gordura desapareça e não volte mais, sem fazer sutis modificações nos hábitos alimentares e em exercícios. Depois de uma "dieta rigorosa", você fatalmente voltará a seus hábitos antigos, para, de novo, em algumas semanas, notar que a gordura acumulada voltou.

Uma pequena modificação na dieta (juntamente com XBX) pode, durante um certo tempo, eliminar alguns quilos em excesso e impedir que eles voltem. Por exemplo, se você come pão nas refeições, coma uma fatia a menos; ponha em seu chá ou café um pouco menos de açúcar ou açúcar nenhum. As calorias assim evitadas diariamente totalizam em alguns meses vários milhares, que talvez representem a diferença entre a aparência que você tem e a maneira como se sente, e a aparência que gostaria de ter e a maneira como gostaria de sentir-se. Quando chegar à condição que deseja, seus hábitos terão mudado o suficiente para que você provavelmente não volte aos hábitos antigos.

O que se pode fazer em relação à aptidão física

A menos que esteja empenhada em um programa de treinamento integral de condicionamento para atividades atléticas, de alguma forma você deve participar de exercício ativo.

A mulher comum dedica-se diariamente a uma destas três atividades: escola, emprego ou serviço doméstico. Nenhuma delas proporciona ao corpo a atividade equilibrada conveniente para uma boa aptidão física. O serviço doméstico, por exemplo, embora possa incluir trabalho físico pesado e em grande quantidade, não leva em consideração a flexibilidade dos músculos, nem exercita todos os músculos do corpo. Dia após dia, você faz as mesmas coisas. Os músculos que trabalham fazem muito exercício; ou outros fazem pouco ou nenhum.

O mesmo se aplica à maioria dos esportes. Os esportes prestam contribuição específicas à aptidão física, mas não condicionam o corpo inteiro. As pessoas que tomam parte em um esporte recreativo em sua maioria não se dedicam a ele de maneira suficientemente vigorosa para obter níveis adequados de aptidão. Para se tornarem completamente eficazes, mesmos os esportes capazes de produzir aptidão geral, exigem maior capacidade do que possui a pessoa mediana e mais tempo do que ela pode dedicar a eles.

Faça o que fizer em sua vida cotidiana, você provavelmente precisa de um bom e equilibrado programa de exercícios, que lhe permita se tornar a pessoa que deseja ser.

Por que foi desenvolvido o XBX

Pesquisas indicaram que os canadenses – homens e mulheres, moços e velhos – precisam de alguma forma de atividade física regular e vigorosa. À medida que é cada vez maior o número de aparelhos capazes de economizar trabalho, à medida que um número cada vez maior de pessoas assiste cada vez mais à televisão, ao cinema e a competições esportivas, a quantidade de esforço físico exercido pela pessoa mediana diminui continuamente.

Uma análise das necessidades de exercícios dos canadenses foi realizada por um especialista da RCAF e conduziu ao desenvolvimento do programa 5BX para homens. XBX é o programa complementar para mulheres.

A análise da RCAF indicou três principais impedimentos ao exercício regular:

Primeiro – a maioria das pessoas gostaria de fazer exercícios, mas não sabe como dedicar-se a isso: o que fazer, como fazer, com que frequência, como progredir ou até onde progredir.

Segundo – a maioria dos programas de exercícios exige o uso de equipamentos e academias nem sempre ao alcance das pessoas; e

Terceiro – a maioria dos programas de exercícios exige grande dispêndio de tempo, que a maioria das pessoas não pode dispor.

Evidentemente, é necessário um programa que resolva esses problemas.

O Plano XBX consegue isso.

O XBX lhe diz o que fazer, onde começar, com que rapidez progredir e até onde progredir para atingir um nível conveniente de aptidão física.

O XBX não exige equipamento algum e muito pouco espaço.

O XBX toma apenas 12 minutos por dia.

Como foi desenvolvido o XBX

O XBX é produto de ampla pesquisa sobre os problemas de aptidão física de jovens e mulheres.

A pesquisa foi realizada em várias bases da RCAF e, nas fases finais, inclui setores da população civil.

Mais de 600 jovens e mulheres de todas as idades participaram do projeto. A RCAF agradece a essas pessoas suas contribuições ao programa.

O primeiro passo no projeto foi a aplicação de uma série de testes de aptidão física. Os testes incluíram exame de vigor e resistência muscular, exame de reação do coração à atividade e medição de camadas de gordura. Através dos resultados desses testes foram analisadas as necessidades de aptidão física das mulheres.

Realizaram-se experiências com uma ampla variedade de exercícios para determinar os mais eficazes na produção dos resultados desejados. Muitos desses exercícios foram abandonados por ser ineficazes. Os dez exercícios do XBX oferecem o programa mais equilibrado e eficaz.

Os limites de tempo para cada exercício variaram até se determinar o tempo ideal para a obtenção de bons resultados.

Realizaram-se testes para determinar o número de vezes que cada exercício podia ser feito dentro dos limites de tempo.

Os primeiros programas experimentais de exercícios foram usados por várias centenas de mulheres. Testes periódicos mostraram que o XBX era um plano eficaz para melhorar os níveis de aptidão geral.

Em seguida, o programa foi distribuído a grupos e pessoas no Canadá para novas experiências e comentários. Com base nessa prova final de campo, efetuaram-se novas modificações no plano.

Os resultados dessa pesquisa são apresentados neste livro: Plano XBX de Aptidão Física da RCAF.

O que é o Plano XBX

O Plano XBX é um programa de aptidão física constituído de quatro tabelas de dez exercícios, disposto em ordem de progressiva dificuldade. Os dez exercícios de cada tabela são sempre executados na mesma ordem e dentro dos mesmos limites máximo de tempo.

As tabelas são divididas em níveis. Há ao todo 48 níveis – 12 em cada tabela. Os níveis são numerados consecutivamente, iniciando-

-se com 1 ao final da Tabela 1 e terminando com 48 no começo da Tabela 4.

Além dos exercícios regulares, há dois exercícios suplementares mas Tabelas 1, 2 e 3. Esses são para os músculos dos pés e dos tornozelos, assim como para os músculos que ajudam a manter boa postura.

Como funciona o XBX

Qualquer plano ou programa de exercício deve funcionar com base em um começo fácil e progressão gradual. À medida que a aptidão física melhora, é aumentada a dificuldade do trabalho. O modo de encarar o exercício de acordo com o XBX obedece a esses princípios.

O XBX incorpora dois métodos para aumentar a dificuldade do trabalho:

Primeiro – o limite de tempo de cada exercício se mantém o mesmo em todas as tabelas, mas o número de vezes em que o exercício é executado aumenta em cada nível em cada tabela; e

Segundo – os exercícios tornam-se mais difíceis de uma tabela para a seguinte.

Em cada tabela você faz o mesmo exercício em cada um dos 12 níveis, mas aumenta o número de vezes em que o faz.

Quando avança para a tabela seguinte, os exercícios são basicamente os mesmos, mas modificados e tornados ligeiramente mais enérgicos.

O XBX foi planejado para progressão gradual e suave.

Siga o plano como está exposto.

Não pule níveis.

Não progrida mais depressa do que o recomendado.

Para que servem os exercícios

O XBX melhorará seu estado físico geral aumentado o tônus muscular; aumentando o vigor muscular; aumentando a resistência muscular; aumentando a flexibilidade; e aumentando a eficiência do coração.

Cada exercício é incluído em razão da contribuição que presta a um ou mais desses fatores.

Os primeiros quatro exercícios destinam-se principalmente a melhorar e manter a flexibilidade e mobilidade nas áreas do corpo de que você geralmente se descuida. Servem também como preparativo para os exercícios mais enérgicos que se seguem.

O *Exercício 5* destina-se a fortalecer a região abdominal e os músculos da parte da frente dos coxas.

O *Exercício 6* fortalece os músculos longos das costas, das nádegas e da parte traseira das coxas.

O *Exercício 7* concentra-se nos músculos das partes laterais da coxas. Esses músculos fazem muito pouco trabalho nas atividades cotidianas de rotina e mesmo na maioria dos esportes.

O *Exercício 8* destina-se principalmente aos braços, ombros e peito, mas ao mesmo tempo exercita as costas e o abdome.

O *Exercício 9* é em parte para a flexibilidade da área da cintura e fortalecimento dos músculos dos quadris e das laterais.

O *Exercício 10*, correr e saltar sem sair do lugar, ao mesmo tempo que exercita as pernas, destina-se principalmente ao condicionamento do coração e dos pulmões.

Os dois exercícios suplementares são incluídos para aqueles que desejam fazer um pouco mais. Um deles visa fortalecer os músculos dos pés e dos tornozelos. O outro é para os músculos das costas e do abdome, que ajudam na manutenção da postura.

O que significam as tabelas

A seguir é dada uma explicação do que significam as tabelas. Confira os títulos dos parágrafos a seguir com a amostra de tabela da página seguinte.

Exercício

Os algarismos da coluna horizontal no alto da tabela são os números de exercício de 1 a 10. A coluna com 1 no alto refere-se ao Exercício 1 e assim por diante. Os exercícios são descritos e ilustrados nas páginas que se seguem a cada tabela. 8A e 8B são os exercícios suplementares descritos nas páginas 77 a 79. Se você decidir fazer esses exercícios, faça-os entre os Exercícios 8 e 9.

Nível

Os números na coluna vertical do lado esquerdo da tabela são os níveis do programa. Cada um deles se refere à coluna horizontal de números ao seu lado. Por exemplo, no Nível 14, você faz o Exercício 3 sete vezes; o Exercício 6, quinze, e assim por diante.

Tabela exemplificativa

		Exercício										
		1	2	3	4	5	6	7	8	9	10	8A	8B
N	24	15	16	12	30	35	38	50	28	20	210	40	36
	23	15	16	12	30	33	36	48	26	18	200	38	34
	22	15	16	12	30	31	34	46	24	18	200	36	32
í	21	13	14	11	26	29	32	44	23	16	190	33	29
	20	13	14	11	26	27	31	42	21	16	175	21	27
v	19	13	14	11	26	24	29	40	20	14	160	28	24
	18	12	12	9	20	22	27	38	18	14	150	25	22
	17	12	12	9	20	19	24	36	16	12	150	22	20
e	16	12	12	9	20	16	21	34	14	10	140	19	19
	15	10	10	7	18	14	18	32	12	10	130	17	15
	14	10	10	7	18	11	15	30	10	8	120	16	13
l	13	10	10	7	18	9	12	28	8	8	120	12	12
Minutos para cada exercício		2				2	1	1	2	1	3	1	1
Número de dias recomendado em cada nível													

Meu Progresso			
Nível	Início	Final	Comentários
24			
23			
22			
21			
20			
19			
18			
17			
16			
15			
14			
13			

	Data	Altura	Peso	Cintura	Quadris	Busto
Meu objetivo						
Início						
Final						

Minutos para cada exercício

O tempo atribuído a cada exercício é mostrado aqui. Os exercícios de 1 a 4 servem para esquentar e todos os quatro devem ser completados em dois minutos, ou seja, cerca de meio minuto cada um. Outros exemplos: o Exercício 5 leva 2 minutos e o Exercício 6 leva 1 minuto. O tempo total para cada nível de 10 exercícios é de 12 minutos. É importante que todos os exercícios sejam feitos dentro desse limite total de tempo. Não avance para o nível seguinte, sem ter executado o presente, sem excessivo esforço ou cansaço, nos 12 minutos.

Número recomendado de dias em cada nível

Registre no quadro existente em cada tabela o número de dias que lhe é recomendado ficar em cada nível antes de progredir para o seguinte. (*Veja instrução para uso do plano na página 74.*)

Meu progresso

Esta tabela é incluída a fim de lhe possibilitar um registro preciso de seu progresso em direção ao objetivo de aptidão física. Registre as datas em que começa e termina cada nível. Anote como se sente à medida que faz os exercícios. Para usar as linhas de baixo da tabela, escolha um objetivo razoável quanto a medidas do corpo e registre isso em "Meu Objetivo". Depois registre suas medidas atuais na linha "Início". Quando tiver completado a tabela de exercícios, anote suas últimas medidas na linha marcada "Final". A linha "Final" de uma tabela será a linha "Início" da tabela seguinte.

NOTA:

Não espere resultados espantosos. A aptidão física exige tempo e persistência. Combine seu programa XBX com uma boa dieta, e seu progresso será constante.

Seu objetivo de aptidão

Conforme o explicado nas instruções para uso do programa nas páginas seguintes, a cada grupo de idade é atribuído um objetivo de aptidão física a ser atingido; isto é, um nível que as pessoas desse grupo devem procurar alcançar.

Os objetivos indicados neste plano são baseados nas realizações médias de jovens e mulheres que dele participaram.

Seu objetivo é, portanto, o nível de aptidão que a jovem ou mulher mediana de sua idade atingiu sem excessivo esforço, tensão ou cansaço.

Em relação a toda média, há pessoas que a ultrapassam e outras que ficam aquém dela. No plano XBX e seus objetivos, isso significa que há mulheres capazes de progredir além do objetivo indicado e, por outro lado, há pessoas que jamais alcançarão esse nível médio.

Se você se sentir capaz de avançar nas tabelas além de seu objetivo, faça isso sem hesitar. Se, ao contrário, tiver grande dificuldade para se aproximar desse nível, deve parar no nível que sinta estar dentro de sua capacidade. É impossível prever com precisão um nível para cada pessoa que seja adepto desse programa. Use os objetivos como guias e aplique-os com bom senso.

De tempos em tempos, à medida que progredir através dos níveis, você poderá encontrar dificuldades em determinados níveis ou exercícios. Se isso acontecer, prossiga lentamente, mas continue se esforçando. (Esses "planaltos" podem ocorrer em qualquer ponto da progressão.) Geralmente você será capaz de avançar depois de permanecer alguns dias nesse nível. Se não for capaz, é provável que tenha atingido seu nível potencial de aptidão física no que se refere a este programa determinado.

Advertência

Se, por qualquer razão, você interromper seu XBX por mais de duas semanas, em consequência de doença, férias ou outro motivo qualquer, não recomece no nível que havia atingido antes de parar. Recue vários níveis ou volte para a tabela anterior até encontrar um nível em que possa praticar com bastante facilidade. A aptidão física é perdida durante longos períodos de inatividade. Isso é particularmente verdadeiro quando a inatividade resulta de doença.

Instruções para o uso do Plano XBX

Escolha primeiro "Seu Objetivo" e "Sua Idade" na tabela a seguir. Localize este nível nas tabelas que se seguem. Marque-o de uma maneira qualquer – circule-o ou sublinhe-o.

Registre o número mínimo de dias recomendado para cada nível no quadro existente em cada tabela. Por exemplo, se você tem 28 anos, seu objetivo é o Nível 30 na Tabela 3 e você fica pelo menos dois dias em cada nível da Tabela 1, três dias em cada nível da Tabela 2 e cinco dias em cada nível da Tabela 3. Não avance mais depressa do que o ritmo recomendado.

Para começar e progredir

Comece no Nível 1, que fica no fim da Tabela 1. Quando puder fazer esse nível sem esforço e em 12 minutos, avance para o Nível 2. Continue assim através dos níveis e tabelas até chegar ao nível do objetivo recomendado para seu grupo de idade ou até sentir que está se exercitando no máximo de sua capacidade.

Quando atingir seu objetivo

Depois de ter atingido seu objetivo, você precisará apenas de três períodos de exercício por semana para mantê-lo.

Se sua idade é... anos	Seu objetivo é o nível...	Mínimo recomendado Número de dias em cada nível			
		1	2	3	4
7-8	30	1	1	2	x
9-10	34	1	1	2	x
11-12	38	1	1	2	3
13-14	41	1	1	2	3
15-17	44	1	1	2	3
18-19	40	1	2	3	4
20-25	35	1	2	3	x
26-30	30	2	3	5	x
31-35	26	2	4	6	x
36-40	22	4	6	x	x
41-45	19	5	7	x	x
46-50	16	7	8	x	x
51-55	11	8	x	x	x

Tabela 1

		Exercício											
		1	2	3	4	5	6	7	8	9	10	8A	8B
N	12	9	8	10	40	26	20	28	14	14	170	18	20
	11	9	8	10	40	24	18	26	13	14	160	17	18
	10	9	8	10	40	22	16	25	12	12	150	16	17
í	9	7	7	8	36	20	14	23	10	11	140	14	15
	8	7	7	8	36	18	12	20	9	10	125	13	14
v	7	7	7	8	36	16	12	18	8	10	115	11	12
	6	5	5	7	28	14	10	16	7	8	100	10	11
	5	5	5	7	28	12	8	13	6	6	90	8	9
e	4	5	5	7	28	10	8	10	5	6	80	7	8
	3	3	4	5	24	8	6	8	4	4	70	6	6
	2	3	4	5	24	6	4	6	3	3	60	5	5
l	1	3	4	5	24	4	4	4	3	2	50	4	3
Minutos para cada exercício		2			2	1	1	2	1	3	1	1

Número de dias recomendado em cada nível [   ]

Meu Progresso			
Nível	Início	Final	Comentários
12			
11			
10			
9			
8			
7			
6			
5			
4			
3			
2			
1			

	Data	Altura	Peso	Cintura	Quadris	Busto
Meu objetivo						
Início						
Final						

Tabela 1
Exercício 1 – Tocar a ponta dos pés

Início – Mantenha-se de pé com o corpo reto, os pés separados por 30 cm e os braços erguidos acima da cabeça.

Curve-se para a frente a fim de tocar o chão entre os pés. Não procure conservar os joelhos retos. Volte à posição inicial.

Contagem – Conte cada vez que voltar à posição inicial.

Exercício 2 – Erguer o joelho

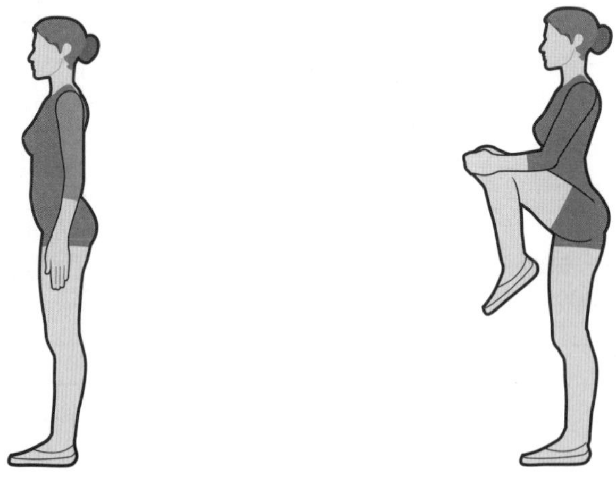

Início – Mantenha-se de pé com o corpo reto, mãos estendidas ao lado do corpo e pés juntos. Erga o joelho esquerdo o máximo possível, segurando o joelho com as mãos. Puxe a perna em direção ao corpo. Conserve as costas retas o tempo todo. Abaixe o pé até o chão. Repita com a perna direita. Continue alternando as pernas – esquerda depois direita.
Contagem – Conte cada vez que erguer os joelhos esquerdo e direito.

Exercício 3 – Inclinar-se para o lado

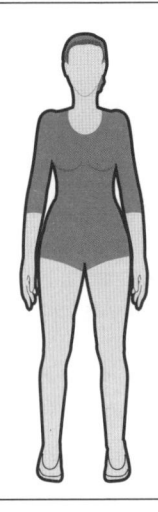

Início – Mantenha-se de pé com o corpo reto, os pés separados por 30 cm e as mãos estendidas ao lado do corpo. Conserve as costas retas, incline-se de lado na cintura para a esquerda. Escorregue a mão pela perna o mais baixo possível. Volte à posição inicial e curve-se para o lado direito. Continue alternando para a esquerda e depois para a direita.
Contagem – Conte cada vez que se inclinar para a esquerda e para a direita.

Exercício 4 – Circular o braço

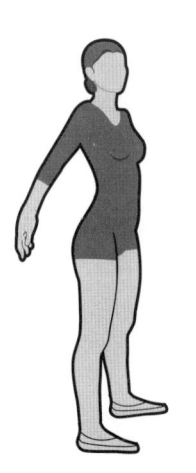

Início – Mantenha-se em pé com o corpo reto, os pés separados por 30 cm, os braços estendidos ao lado do corpo. Faça grandes círculos com o braço esquerdo. Faça um quarto da contagem total com círculos para a frente e um quarto com círculos para trás. Repita com o braço direito.

Contagem – Conte cada vez que fizer um círculo completo com o braço.

Exercício 5 – Erguer a cabeça

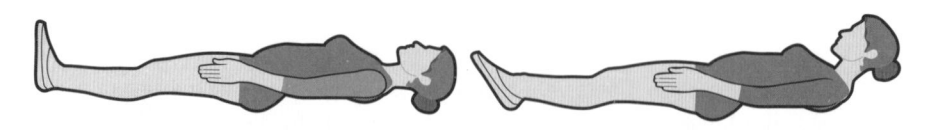

Início – Deite-se de costas, com as pernas esticadas e juntas, os braços estendidos ao lado do corpo.
Erga a cabeça e os ombros do chão até poder ver seus calcanhares. Abaixe a cabeça até o chão.

Contagem – Conte cada vez que erguer a cabeça.

Exercício 6 – Erguer peito e perna

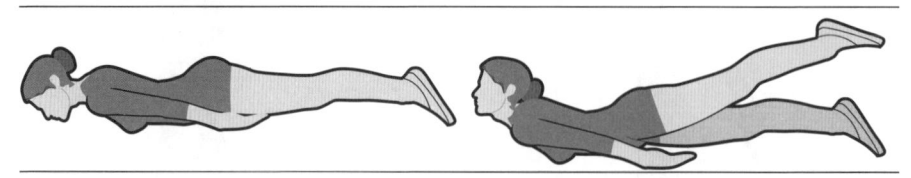

Início – Deite-se de bruços, com os braços estendidos ao lado do corpo, as mãos sob as coxas e as palmas apertando as coxas. Erga a cabeça, os ombros e a perna esquerda o mais alto possível. Conserve a perna reta. Abaixe até o chão.

Contagem – Conte cada vez que erguer o peito e a perna.

Exercício 7 – Erguer a perna de lado

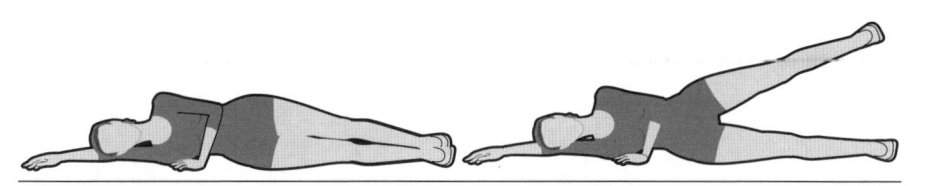

Início – Deite-se de lado com as pernas esticadas e o braço de baixo estendido acima da cabeça sobre o chão, apoiando no chão o braço do alto para ter equilíbrio.

Erga a perna de cima de 45 a 60 cm. Volte à posição inicial.

Contagem – Conte cada vez que erguer a perna. Faça metade da contagem total erguendo a perna esquerda. Role para o outro lado e faça metade da contagem total erguendo a perna direita.

Exercício 8 – Erguer o corpo

Início – Deite-se de bruços, com as pernas esticadas e juntas, as mãos embaixo dos ombros.

Afaste o corpo do chão do modo que for possível, conservando as mãos e os joelhos em contato com o chão. Sente-se sobre os calcanhares. Abaixe o corpo até o chão.

Contagem – Conte cada vez que voltar à posição inicial.

Exercício 9 – Erguer a perna para cima

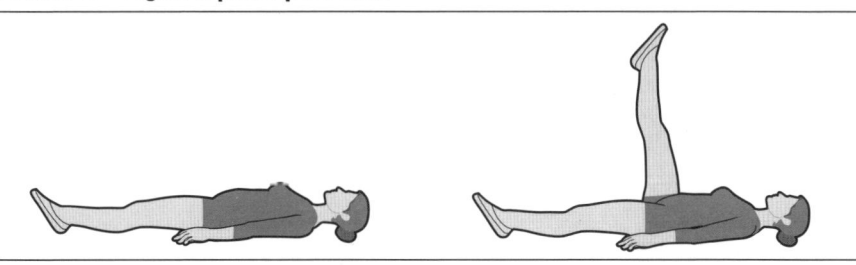

Início – Deite-se de costas, com as pernas esticadas e juntas, os braços estendidos dos lados, as palmas das mãos para baixo.

Erga a perna esquerda até ficar perpendicular ao chão ou mais perto possível dessa posição. Abaixe e repita com a perna direita.

Continue alternando as pernas, a esquerda e depois a direita.

Contagem – Conte cada vez que erguer as duas pernas.

Exercício 10 – Correr e saltar

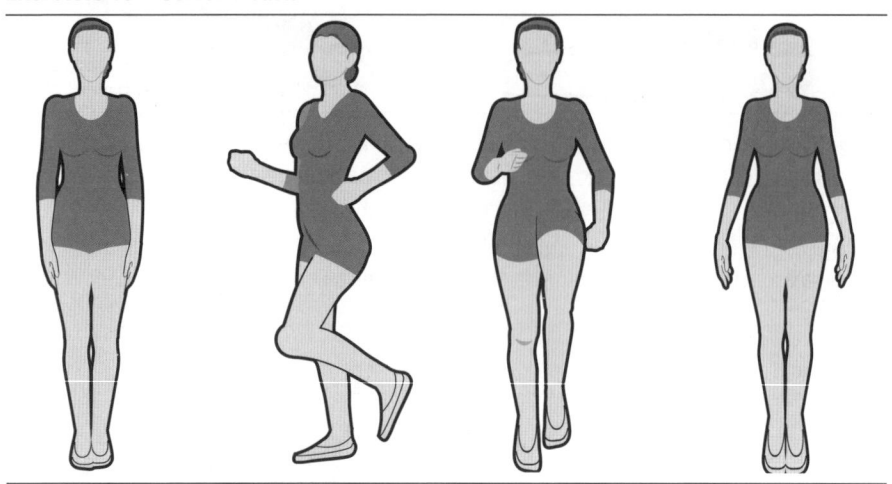

Início – Mantenha-se de pé com o corpo reto, pés juntos e braços caídos dos lados.

Começando com a perna esquerda, corra sem sair do lugar erguendo os pés pelo menos até 10 cm acima do chão. (Ao correr sem sair do lugar, erga os joelhos para frente e não apenas jogue os calcanhares para trás.)

Contagem – Conte cada vez que o pé esquerdo tocar o chão. Depois de contar até 50, dê 10 saltos.

Saltos – O salto é dado de modo que ambos os pés deixem juntos o chão. Procure saltar pelo menos até 10 cm acima do chão cada vez.

Nota:

Em todos os exercícios de correr sem sair do lugar, só os passos corridos são contados no sentido de completar repetições do exercício.

Tabela 2

		Exercício										
		1	2	3	4	5	6	7	8	9	10	8A	8B
N	24	15	16	12	30	35	38	50	28	20	210	40	36
	23	15	16	12	30	33	36	48	26	18	200	38	34
	22	15	16	12	30	31	34	46	24	18	200	36	32
í	21	13	14	11	26	29	32	44	23	16	190	33	29
	20	13	14	11	26	27	31	42	21	16	175	31	27
v	19	13	14	11	26	24	29	40	20	14	160	28	24
	18	12	12	9	20	22	27	38	18	14	150	25	22
e	17	12	12	9	20	19	24	36	16	12	150	22	20
	16	12	12	9	20	16	21	34	14	10	140	19	19
l	15	10	10	7	18	14	18	32	12	10	130	17	15
	14	10	10	7	18	11	15	30	10	8	120	14	13
	13	10	10	7	18	9	12	28	8	8	120	12	12
Minutos para cada exercício		2				2	1	1	2	1	3	1	1

Número de dias recomendado em cada nível ▢

Meu Progresso			
Nível	Início	Final	Comentários
24			
23			
22			
21			
20			
19			
18			
17			
16			
15			
14			
13			

	Data	Altura	Peso	Cintura	Quadris	Busto
Meu objetivo						
Início						
Final						

Tabela 2
Exercício 1 – Tocar a ponta dos pés

Início – Mantenha-se de pé com o corpo reto, os pés separados por 30 cm, os braços erguidos acima da cabeça.

Curve-se para a frente até tocar o chão entre os pés. Levante-se e abaixe-se rapidamente tocando o chão uma segunda vez.

Volte à posição inicial.

Contagem – Conte cada vez que voltar à posição inicial.

Exercício 2 – Erguer os joelhos

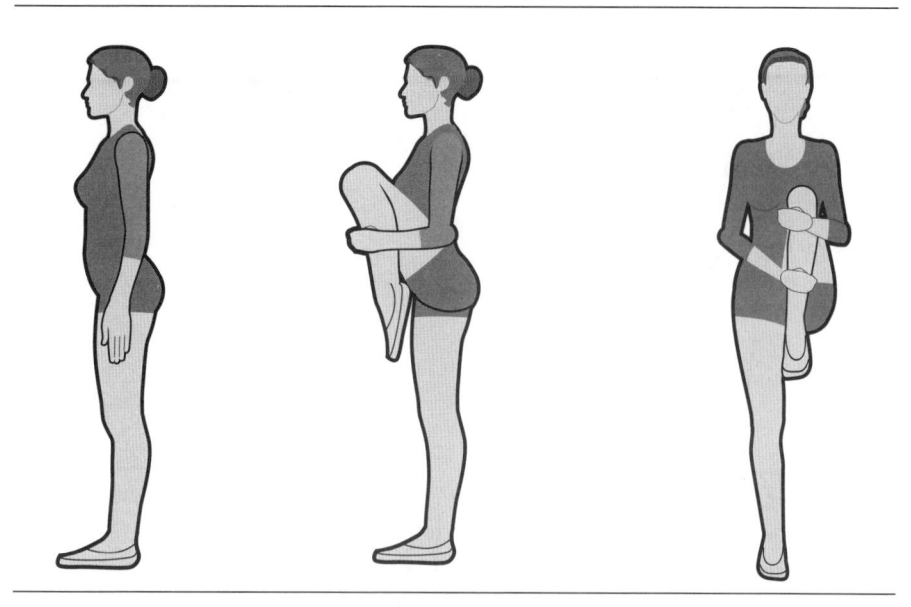

Início – Mantenha-se em pé com o corpo reto, pés juntos e braços caídos dos lados.

Erga o joelho esquerdo até o mais alto possível, segurando o joelho e a canela com as mãos. Puxe a perna contra o corpo. Conserve as costas retas o tempo todo. Abaixe o pé até o chão. Repita com a perna direita. Continue alternando as pernas – a esquerda e depois a direita.

Contagem – Conte cada vez que erguer os joelhos esquerdo e direito.

Exercício 3 – Inclinar-se para o lado

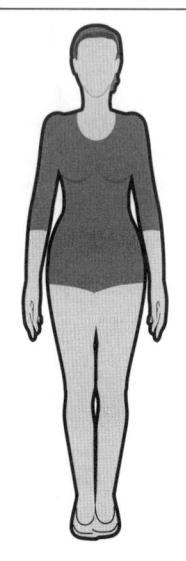

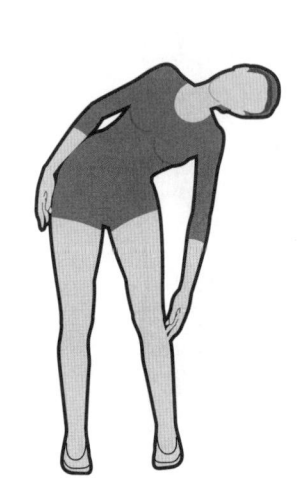

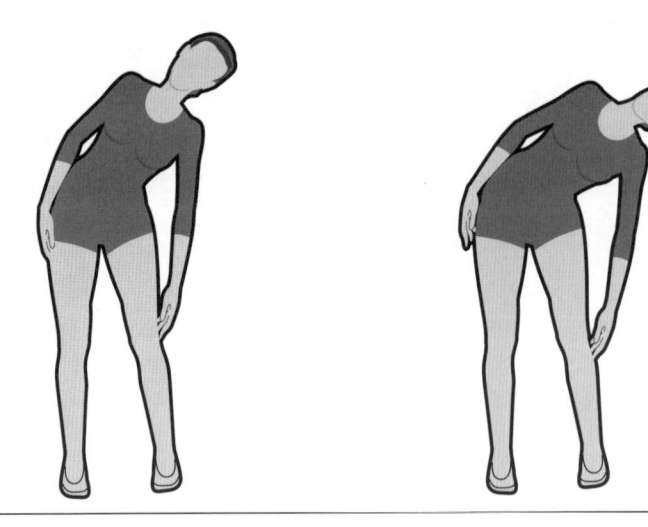

Início – Mantenha-se de pé com o corpo reto, os pés separados por 30 cm, as mãos caídas dos lados. Conservando as costas retas, curve-se de lado na cintura para a esquerda. Escorregue a mão esquerda pela perna até o mais baixo possível.

Levante-se alguns centímetros rapidamente e incline-se para o lado.

Volte à posição inicial e repita os mesmos movimentos para a direita.

Continue alternando para a esquerda e depois para a direita.

Contagem – Conte cada vez que se curvar para a esquerda e para a direita.

Exercício 4 – Circular o braço

Início – Mantenha-se de pé com o corpo reto, os pés separados por 30 cm, braços caídos dos lados.

Faça grandes círculos, com os dois braços ao mesmo tempo, começando para trás. Conte metade do número de repetições fazendo círculos para trás e metade fazendo círculos para frente.

Contagem – Conte cada vez que fizer um círculo completo com o braço.

Exercício 5 – Sentar-se balançando

Início – Deite-se de costas, com os joelhos dobrados, pés sobre o chão, braços estendidos acima da cabeça.

Balance os braços para frente e ao mesmo tempo estenda os pés para a frente e mova-se para uma posição sentada. Incline-se para a frente, tentando tocar as pontas dos pés com os dedos. Volte à posição inicial.

Contagem – Conte cada vez que voltar à posição inicial.

Exercício 6 – Erguer peito e perna

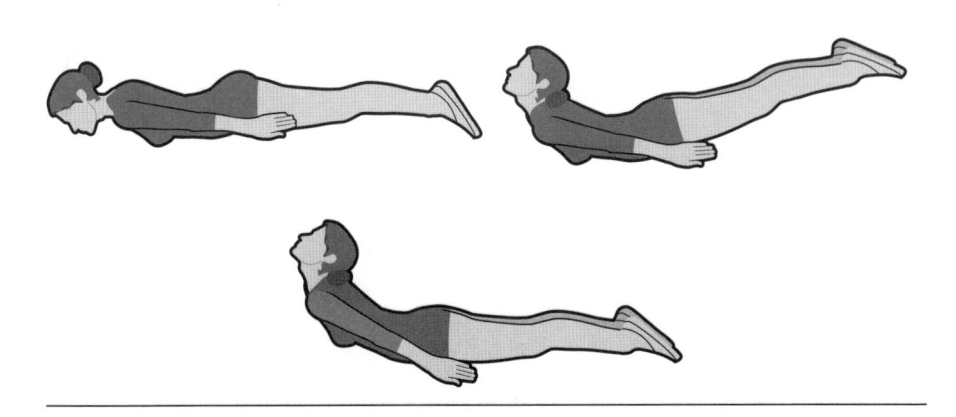

Início – Deite-se de bruços, com os braços estendidos dos lados e as palmas das mãos apertando as coxas.

Erga a cabeça, os ombros e as pernas até o mais alto possível. Conserve as pernas retas. Volte à posição inicial.

Contagem – Conte cada vez que voltar à posição inicial.

Exercício 7 – Erguer a perna de lado

Início – Deite-se de lado, com as pernas retas e o braço de baixo estendido no chão acima da cabeça, usando o braço de cima para ter equilíbrio.

Erga a perna de cima até ficar perpendicular ao chão ou o mais perto possível dessa posição. Volte à posição inicial.

Contagem – Conte cada vez que erguer a perna. Faça metade da contagem total erguendo a perna esquerda. Role para o outro lado e faça metade da contagem total erguendo a perna direita.

Exercício 8 – Erguer-se sobre os joelhos

Início – Deite-se de bruços, com as pernas estendidas e juntas, as mãos diretamente sob os ombros.

Empurre o corpo para longe do chão até os braços ficarem retos. Conserve as mãos e os joelhos em contato com o chão. Procure manter o corpo em linha reta.

Contagem – Conte cada vez que voltar à posição inicial.

Exercício 9 – Cruzar as pernas

Início – Deite-se de costas, com as pernas esticadas e juntas, os braços estendidos para os lados na altura dos ombros.

Erga a perna esquerda até ficar perpendicular ao chão. Cruze-a sobre o corpo e tente tocar a mão direita com a ponta do pé. Erga a perna até a posição perpendicular e volte à posição inicial.

Repita os mesmos movimentos com a perna direita. Conserve sempre o corpo e as pernas retas, e os ombros encostados no chão.

Contagem – Conte cada vez que voltar à posição inicial.

Exercício 10 – Correr e saltar abrindo as pernas

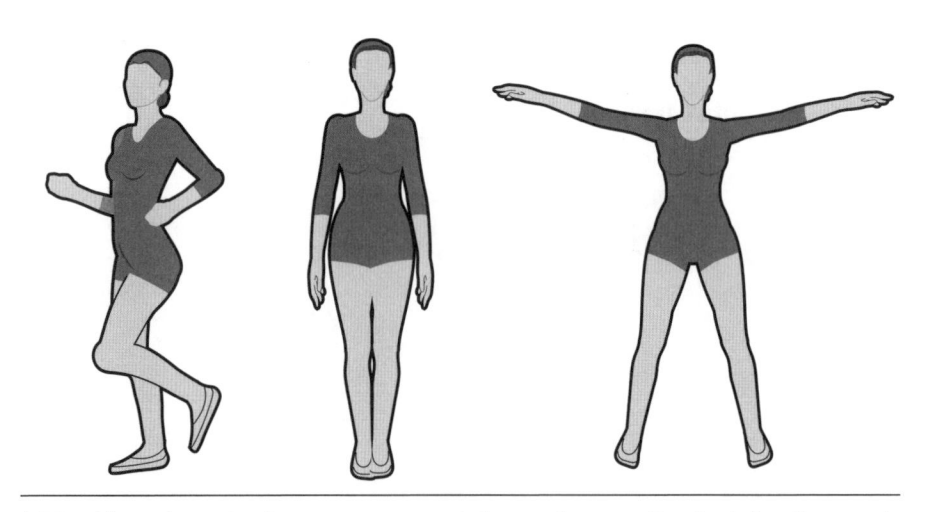

Início – Mantenha-se de pé com o corpo reto, pés juntos e braços caídos dos lados. Começando com a perna esquerda, corra sem sair do lugar erguendo os pés até pelo menos 10 cm do chão.

Contagem – Conte cada vez que o pé esquerdo tocar o chão. Depois de contar até 50, dê dez saltos abrindo as pernas.

Salto – O salto abrindo as pernas começa com os pés juntos e os braços caídos dos lados. Salte de modo que os pés estejam separados por 45 cm ao atingirem no chão. Ao mesmo tempo que salta, erga os braços de lado até a altura dos ombros. Salte de novo de modo que os pés estejam juntos e os braços caídos dos lados quando pousar no chão.

Tabela 3

		Exercício											
		1	2	3	4	5	6	7	8	9	10	8A	8B
N	36	15	22	18	40	42	40	60	40	20	240	32	38
	35	15	22	18	40	41	39	60	39	20	230	30	36
	34	15	22	18	40	40	38	58	37	19	220	29	34
	33	13	20	16	36	39	36	58	35	19	210	27	33
í	32	13	20	16	36	37	36	56	34	18	200	35	31
	31	13	20	16	36	35	34	56	32	16	200	24	30
v	30	12	18	14	30	33	33	54	30	15	190	23	38
	29	12	18	14	30	32	31	54	29	14	180	21	26
	28	12	18	14	30	31	30	52	27	12	170	20	25
e	27	10	16	12	24	29	30	52	25	11	160	19	23
	26	10	16	12	24	27	29	50	23	8	150	17	21
l	25	10	16	12	24	26	28	48	22	8	140	16	20
Minutos para cada exercício		2	2	2	2	2	1	1	2	1	3	1	1

Número de dias recomendado em cada nível [   ]

Meu Progresso			
Nível	Início	Final	Comentários
36			
35			
34			
33			
32			
31			
30			
29			
28			
27			
26			
25			

	Data	Altura	Peso	Cintura	Quadris	Busto
Meu objetivo						
Início						
Final						

Tabela 3
Exercício 1 – Tocar as pontas dos pés

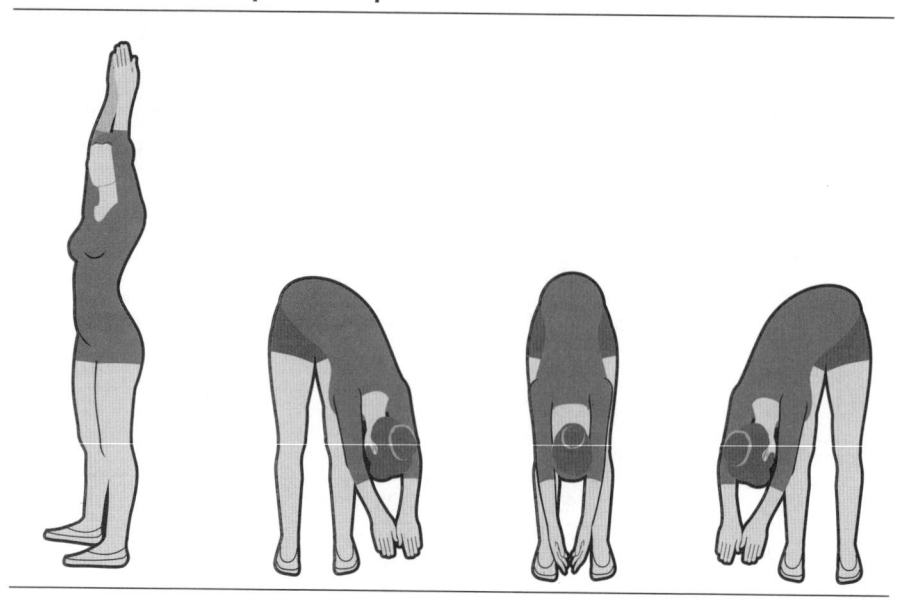

Início – Mantenha-se em pé com o corpo reto, os pés separados por cerca de 40 cm, os braços erguidos acima da cabeça. Curve-se para tocar o chão do lado de fora do pé esquerdo. Levante-se e curve-se rapidamente de novo para tocar o chão entre os dois pés. Levante-se outra vez e volte a curvar-se para tocar o chão do lado de fora do pé direito. Volte à posição inicial.

Contagem – Conte cada vez que voltar à posição inicial.

Exercício 2 – Erguer o joelho

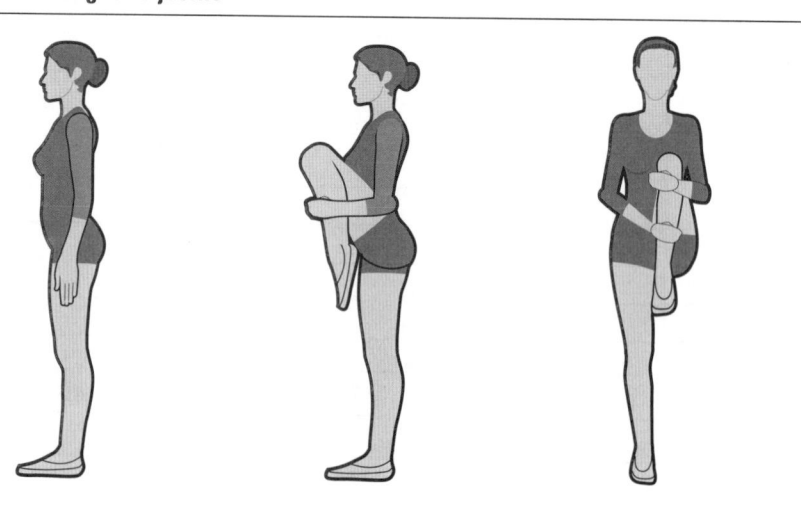

Início – Mantenha-se em pé com o corpo reto, pés juntos e braços caídos dos lados.

Erga o joelho esquerdo o mais alto possível, segurando o joelho e a canela com as mãos. Puxe a perna contra o corpo. Conserve as costas retas o tempo todo. Abaixe o pé até o chão. Repita com a perna direita. Continue alternando as pernas – esquerda depois direita.

Contagem – Conte cada vez que erguer os joelhos esquerdo e direito.

Exercício 3 – Inclinar-se para o lado

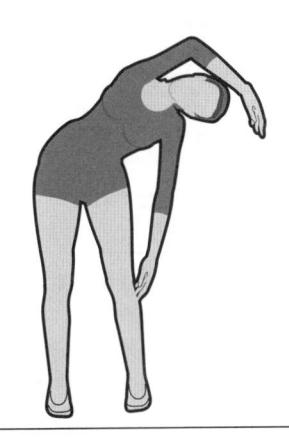

Início – Mantenha-se de pé com o corpo reto, os pés separados por 30 cm, o braço direito estendido acima da cabeça, dobrado no cotovelo.

Conservando as costas retas, curve-se de lado na cintura para a esquerda. Escorregue a mão esquerda pela perna até o mais baixo possível, ao mesmo tempo em que faz pressão para a esquerda com o braço direito.

Volte à postura inicial e mude a posição dos braços. Repita para a direita. Continue alternando para a esquerda e depois para a direita.

Contagem – Conte cada vez que se curvar para a esquerda e para a direita.

Exercício 4 – Circular os braços

Início – Mantenha-se de pé com o corpo reto, os pés separados por 30 cm, os braços caídos dos lados. Faça grandes círculos com os braços em um movimento de moinho de vento – um braço seguindo o outro, e ambos movendo-se ao mesmo tempo. Conte metade do número de repetições fazendo círculos para trás e metade fazendo círculo para a frente.

Contagem – Conte cada vez que fizer um círculo completo com ambos os braços.

Exercício 5 – Sentar

Início – Deite-se de costas, com as pernas esticadas e juntas, os braços estendidos dos lados. Conservando as costas bem retas, mova-se para uma posição sentada.

Escorregue as mãos ao longo das pernas durante o movimento, inclinando-se finalmente para a frente e tentando tocar as pontas dos pés com os dedos.

Volte à posição inicial.

Contagem – Conte cada vez que voltar à posição inicial.

Exercício 6 – Erguer peito e perna

Início – Deite-se de bruços com as pernas esticadas e juntas, os braços estendidos de lado na altura dos ombros. Erga do chão toda a parte superior do corpo e as pernas o mais alto possível.

Contagem – Conte cada vez que voltar à posição inicial.

Exercício 7 – Erguer a perna de lado

Início – Deite-se de lado, com as pernas esticadas e o braço debaixo estendido acima da cabeça sobre o chão, usando o braço do alto para ter equilíbrio.

Erga a perna de cima até ficar perpendicular ao chão.

Volte à posição inicial.

Contagem – Conte cada vez que erguer a perna. Faça metade da contagem total erguendo a perna esquerda. Role para o outro lado e faça metade da contagem total erguendo a perna direita.

Exercício 8 – Erguer-se sobre os cotovelos

Início – Deite-se de bruços, com as pernas esticadas e juntas, os cotovelos diretamente sob os ombros, os antebraços ao longo do chão e as mãos juntas.

Erga o corpo do chão, endireitando-o da cabeça aos calcanhares. Na posição erguida, o corpo fica em linha reta e os cotovelos, antebraços e pontas dos pés ficam em contato com o chão. Baixe para a posição inicial. Conserve a cabeça erguida o tempo todo.

Contagem – Conte cada vez que voltar à posição inicial.

Exercício 9 – Dobrar as pernas

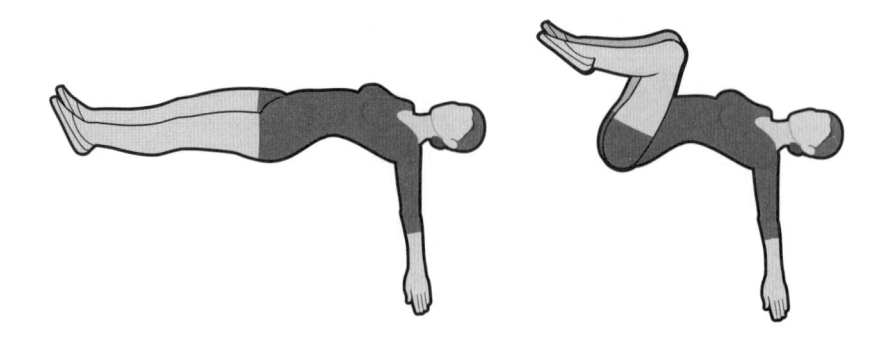

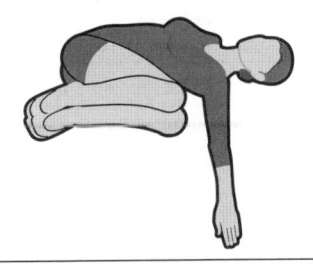

Início – Deite-se de costas, com as pernas esticadas e juntas, os braços estendidos de lado na altura dos ombros e as palmas das mãos para baixo.

Erga do chão as pernas, dobrando-as nos quadris e nos joelhos. Abaixe as pernas para esquerda, conservando os joelhos juntos e os dois ombros encostados no chão. Erga as pernas e abaixe-as para o lado direito. Erga-as até ficarem perpendiculares ao chão e volte à posição inicial. Conserve os joelhos próximos do abdome o tempo todo.

Contagem – Conte cada vez que voltar à posição inicial.

Exercício 10 – Correr e dobrar os joelhos

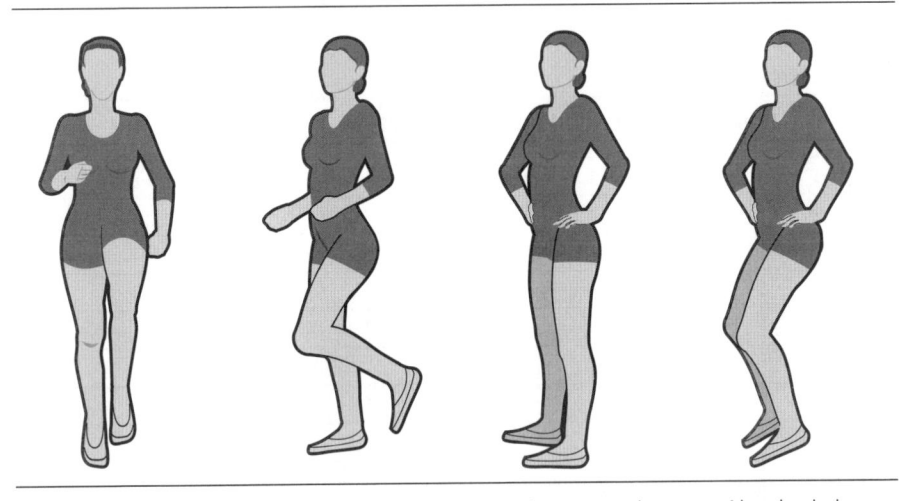

Início – Mantenha-se em pé com o corpo reto, os pés juntos e os braços caídos dos lados.

Começando com perna esquerda, corra sem sair do lugar erguendo os pés pelo menos até 15 cm acima do chão.

Contagem – Conte cada vez que o pé esquerdo tocar o chão. Depois de contar até 50, dobre 10 vezes os joelhos. Para dobrá-los, mantenha as mãos nos quadris, os pés juntos e o corpo reto. Dobre as pernas nos joelhos e nos quadris, abaixando o corpo até a coxa e a barriga da perna formarem um ângulo de aproximadamente 110 graus. Não dobre os joelhos além de um ângulo reto. Conserve as costas retas. Volte à posição inicial.

Tabela 4

		Exercício									
		1	2	3	4	5	6	7	8	9	10
N	48	15	26	15	32	48	46	58	30	16	230
	47	15	26	15	32	45	45	56	27	15	220
	46	15	26	15	32	44	44	54	24	14	210
í	45	13	24	14	30	42	43	52	21	13	200
	44	13	24	14	30	40	42	50	19	13	190
	43	13	24	14	30	38	40	48	16	12	175
v	42	12	22	12	28	35	39	46	13	10	160
	41	12	22	12	28	32	38	44	11	9	150
e	40	12	22	12	28	30	38	40	9	8	140
	39	10	20	10	26	29	36	38	8	7	130
l	38	10	20	10	26	27	35	36	7	6	115
	37	10	20	10	26	25	34	34	6	5	100
Minutos para cada exercício		2				2	1	1	2	1	3

Número de dias recomendado em cada nível ☐

Meu Progresso			
Nível	Início	Final	Comentários
48			
47			
46			
45			
44			
43			
42			
41			
40			
39			
38			
37			

	Data	Altura	Peso	Cintura	Quadris	Busto
Meu objetivo						
Início						
Final						

Tabela 4
Exercício 1 – Tocar as pontas dos pés

Início – Mantenha-se em pé com o corpo reto, os pés separados perto de 40 cm, os braços levantados acima da cabeça. Curve-se até tocar o chão do lado de fora do pé esquerdo. Levante-se e curve-se rapidamente até tocar o chão entre os pés. Levante-se de novo e torne a curvar-se rapidamente até tocar o chão entre os pés outra vez. Levante-se e curve-se rapidamente até tocar o chão do lado de fora do pé direito. Volte à posição inicial.

Contagem – Conte cada vez que voltar à posição inicial.

Exercício 2 – Erguer o joelho

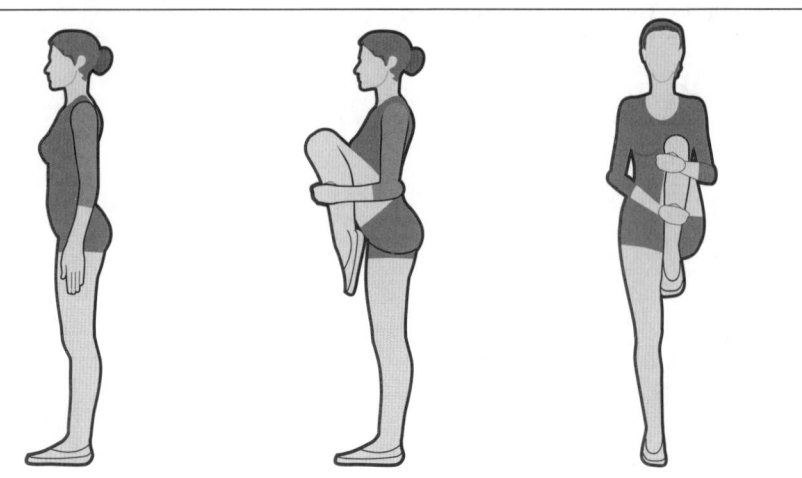

Início – Mantenha-se em pé com o corpo reto, pés juntos e braços estendidos ao lado do corpo.
Erga o joelho esquerdo o mais alto possível, segurando o joelho e a canela com as mãos.
Puxe a perna contra o corpo. Conserve as costas retas o tempo todo.
Abaixe o pé até o chão.
Repita com a perna esquerda. Continue alternando as pernas – a esquerda, e depois a direita.
Contagem – Conte cada vez que erguer os joelhos esquerdo e direito.

Exercício 3 – Inclinar-se para o lado

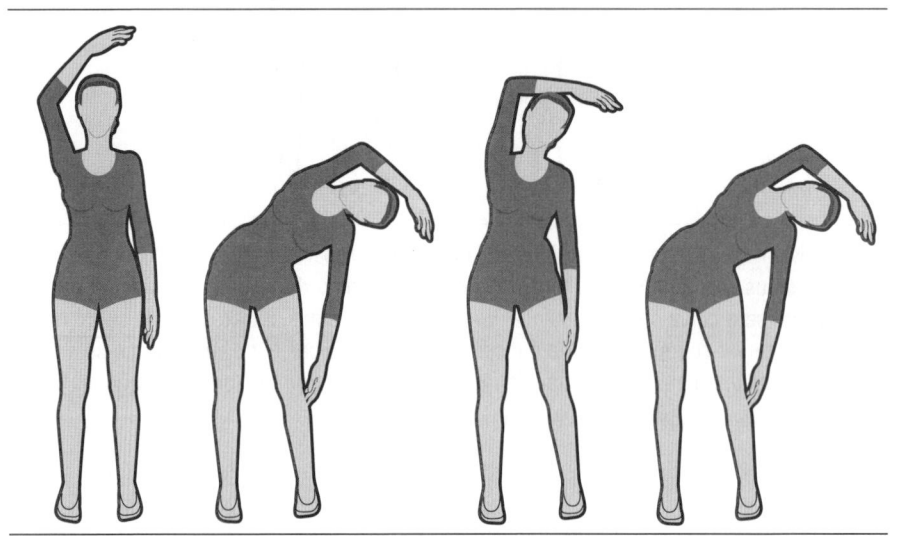

Início – Mantenha-se em pé com o corpo reto, os pés separados por 30 cm, o braço direito estendido acima da cabeça, dobrado no cotovelo.

Conservando as costas retas, curve-se de lado na cintura para a esquerda. Escorregue a mão pela perna até o mais baixo possível, fazendo ao mesmo tempo pressão para a esquerda com o braço direito.

Levante-se rapidamente alguns centímetros e curve-se de novo para a esquerda.

Volte à posição inicial e mude a posição dos braços. Repita para a direita.

Continue alternando para a esquerda e depois para a direita.

Contagem – Conte cada vez que se curvar para a esquerda e para a direita.

Exercício 4 – Estender o braço

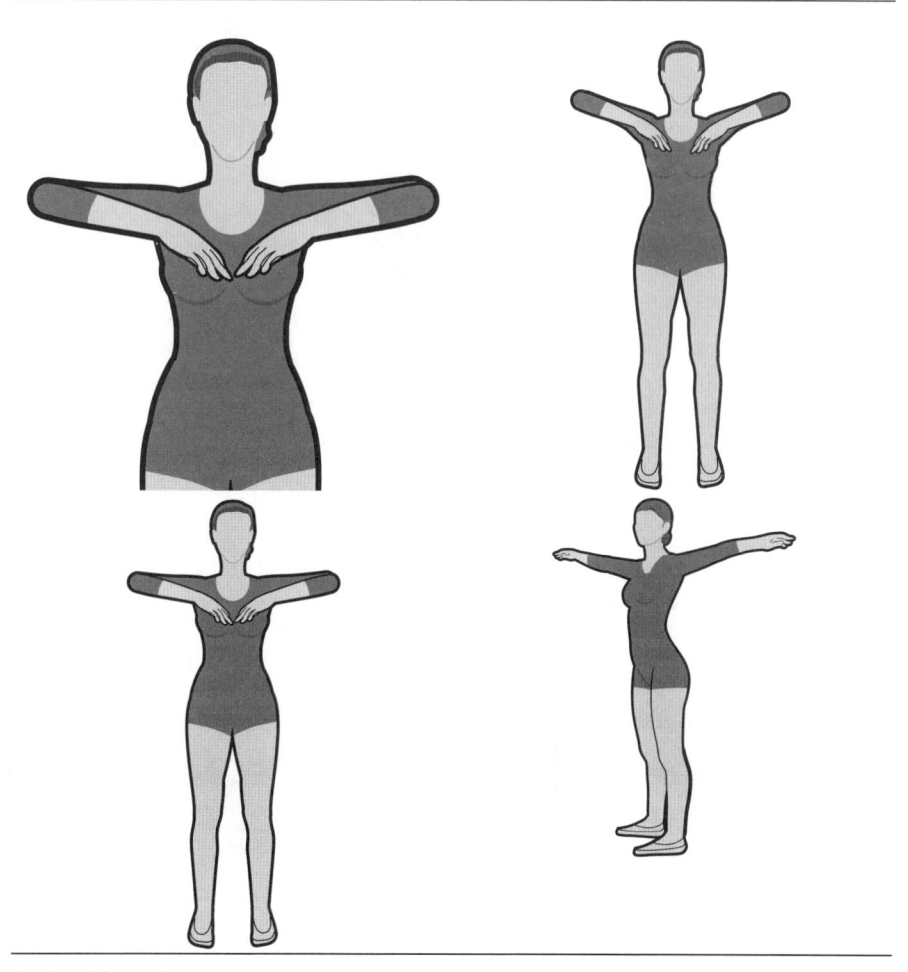

Início – Mantenha-se em pé com o corpo reto, os pés separados por 30 cm, os braços estendidos para os lados na altura dos ombros, os cotovelos dobrados e os dedos estendidos tocando-se diante do peito.

Force os cotovelos para trás e para cima. Não deixe os cotovelos cair.

Volte os braços à posição inicial e depois estenda rapidamente as mãos e os braços para fora, para trás e para cima o máximo possível. Volte à posição inicial.

Contagem – Conte cada vez que estender os braços.

Exercício 5 – Sentar

Início – Deite-se de costas, com as pernas esticadas e juntas, as mãos na nuca.

Mova-se para uma posição sentada. Conserve os pés no chão (apoiando-os se necessário) e as costas retas. Abaixe o corpo até a posição inicial.

Contagem – Conte cada vez que voltar à posição inicial.

Exercício 6 – Erguer peito e perna

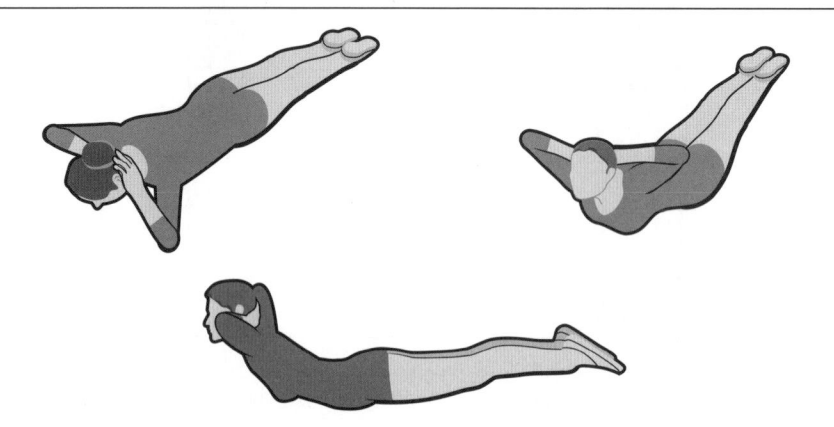

Início – Deite-se de bruços, com as pernas esticadas e juntas, as mãos na nuca.

Erga do chão toda a parte superior do corpo e as pernas, o mais alto possível. Conserve as pernas retas. Volte à posição inicial.

Contagem – Conte cada vez que voltar à posição inicial.

Exercício 7 – Erguer a perna de lado

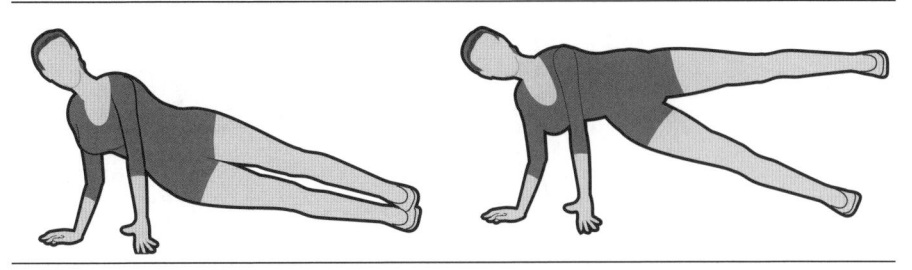

Início – Com o lado direito do corpo voltado para o chão sustente seu peso sobre a mão direita (com o braço reto) e sobre o lado do pé direito, usando a mão esquerda para ajudar no equilíbrio, se necessário.

Erga a perna esquerda até ficar paralela ao chão.

Abaixe a perna até a posição inicial.

Contagem – Conte cada vez que erguer a perna. Faça metade da contagem total erguendo a perna esquerda. Vire para o outro lado e faça metade da contagem total erguendo a perna direita.

Exercício 8 – Erguer o corpo

Início – Deite-se de bruços, com as pernas esticadas e juntas, as pontas dos pés viradas para baixo, as mãos diretamente sob os ombros. Erga-se sobre as mãos e as pontas dos pés até os braços ficarem completamente estendidos.

Conserve o corpo e as pernas em linha reta. Volte a tocar o peito no chão e repita.

Contagem – Conte cada vez que o peito tocar o chão.

Exercício 9 – Virar as pernas retas

Início – Deite-se de costas, com as pernas esticadas e juntas, os braços estendidos para os lados na altura dos ombros e as palmas das mãos para baixo.

Erga as pernas até ficarem perpendiculares ao chão, conservando-as retas e juntas. Abaixe as pernas para a esquerda, tentando tocar a mão esquerda com as pontas dos pés. Volte as pernas para a posição perpendicular e abaixe-as do lado direito. Levante-as de novo para a posição perpendicular e volte à posição inicial.

Contagem – Conte cada vez que voltar à posição inicial.

Exercício 10 – Correr e saltar meio abaixada

Início – Mantenha-se em pé com o corpo reto, os pés juntos e os braços estendidos ao lado do corpo.

Começando com a perna esquerda, corra sem sair do lugar erguendo os pés pelo menos 15 cm acima do chão.

Contagem – Conte cada vez que o pé esquerdo tocar o chão. Depois de contar até 50, salte dez vezes baixando até o meio.

Abaixe-se um pouco com as mãos sobre os joelhos e os braços estendidos. Conserve as costas bem retas. Conserve um pé um pouco à frente do outro. Salte de modo a ficar com o corpo reto e os pés fora do chão. Inverta a posição dos pés antes de pousá-los no chão. Volte à posição meio abaixada e repita.

Exercícios suplementares

Nesta página e nas seguintes, são descritos e ilustrados os exercícios suplementares para os pés, tornozelos e postura. Se desejar fazer esses exercícios, deve incluí-los em seu programa regular entre os exercícios 8 e 9. Por isso os exercícios suplementares são numerados como 8A e 8B.

Tabela 1
Exercício suplementar 8A – Pés e tornozelos

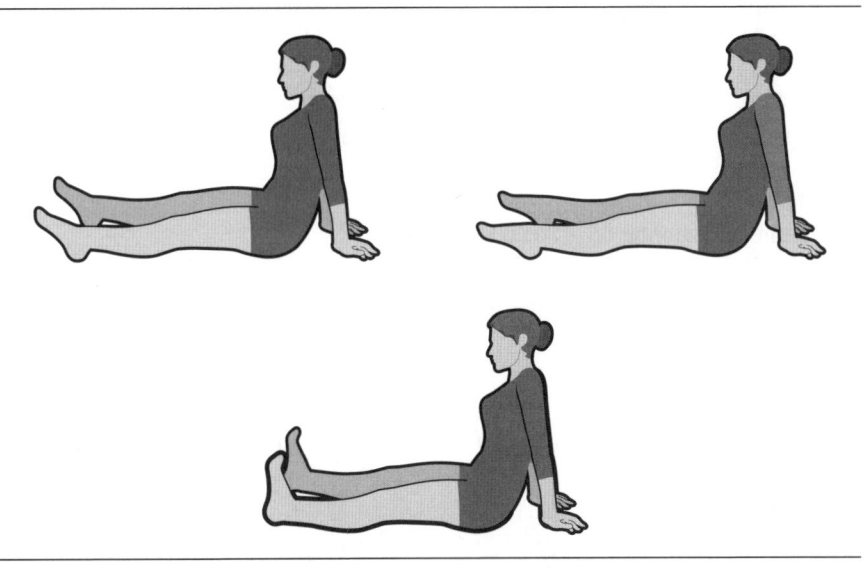

Início – Sente-se no chão, com as pernas esticadas e separadas por uma distância de cerca de 15 cm, as mãos atrás do corpo para dar apoio e os pés relaxados. Force as pontas dos pés para o mais longe possível do corpo. Puxe as pontas dos pés para a direção do corpo, entortando os pés o máximo possível. Relaxe os pés.

Contagem – Conte cada vez que voltar ao estado de relaxamento.

Exercício suplementar 8B – Postura

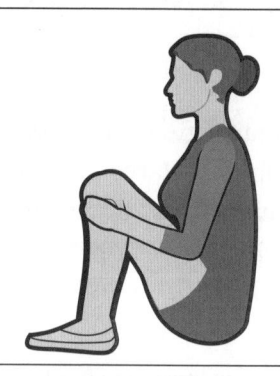

Início – Sente-se no chão, com os joelhos dobrados, os pés sobre o chão, as mãos juntas sobre os joelhos, a cabeça inclinada para a frente e o corpo relaxado.

Endireite o corpo e erga a cabeça de maneira a olhar diretamente para a frente. Encolha os músculos do abdome. Relaxe e volte à posição inicial.

Contagem – Conte cada vez que voltar à posição inicial.

Tabela 2
Exercício suplementar 8A – Pés e tornozelos

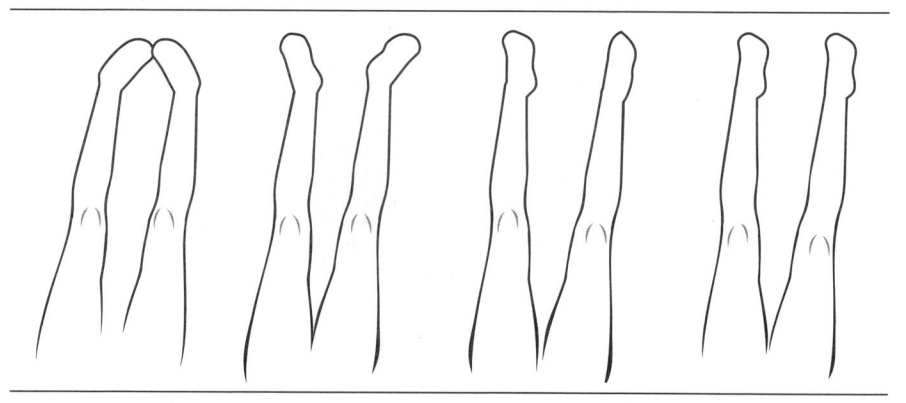

Início – Sente-se no chão, com as pernas esticadas e os tornozelos separados por uma distância de 35 cm, as mãos atrás do corpo para dar apoio, e os pés relaxados.

Mova os pés de modo a fazer grandes movimentos circulares. Force para fora, em roda, para dentro e na direção do corpo. Faça metade da contagem total movendo as pontas dos pés em uma direção, depois inverta para o restante da contagem.

Contagem – Conte cada vez que as pontas dos pés descreverem um círculo completo.

Exercício suplementar 8B – Postura

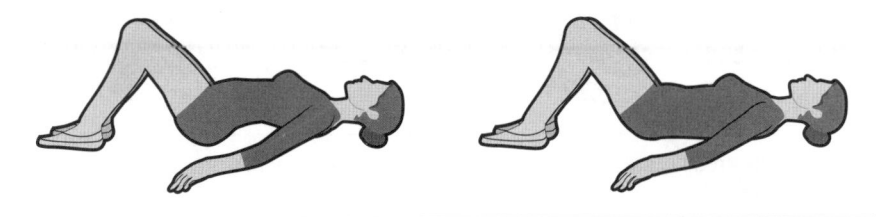

Início – Deite-se de costas, com os joelhos dobrados, os pés sobre o chão e os braços ligeiramente para as laterais. Relaxe os músculos do tronco.

Force para baixo a parte inferior das costas, retesando os músculos do abdome e das costas. Relaxe e volte à posição inicial.

Contagem – Conte cada vez que voltar à posição inicial.

Tabela 3
Exercício suplementar 8A – Pés e tornozelos

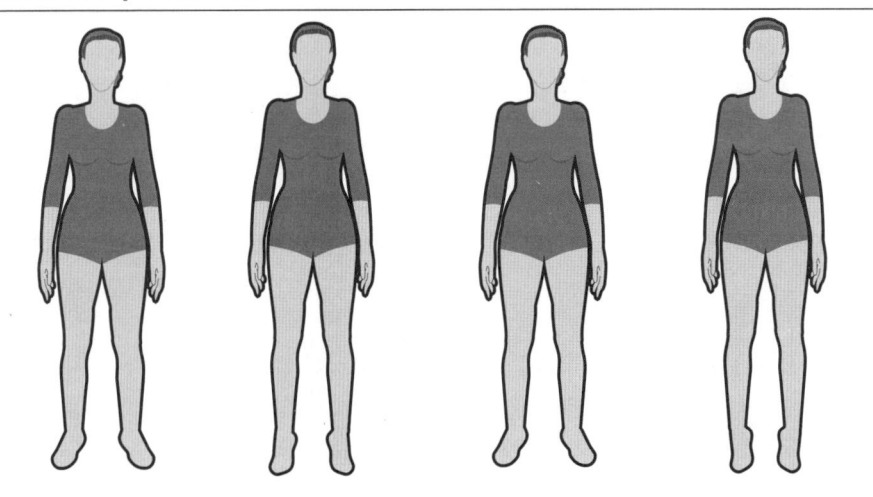

Início – Mantenha-se de pé com o corpo reto, os braços caídos dos lados, os pés separados por uma distância de aproximadamente 30 cm.

Primeiro, erga-se nas pontas dos pés e depois se abaixe até os pés tocarem por inteiro o chão.

Em seguida, vire os pés de maneira a ficarem com os lados de fora encostados no chão. Depois, vire-os de maneira a ficarem com os lados de dentro encostados no chão. Volte à posição inicial.

Contagem – Conte cada vez que voltar à posição inicial.

Exercício suplementar 8B – Postura

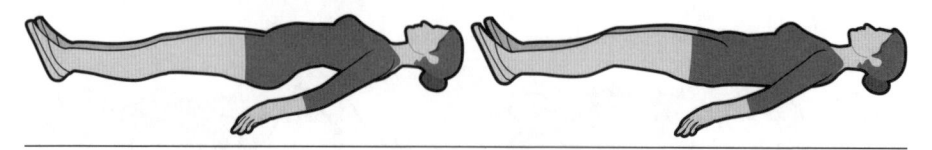

Início – Deite-se de costas, com as pernas estendidas e juntas, os braços ligeiramente para os lados.

Relaxe os músculos do tronco.

Force para baixo a parte inferior das costas retesando os músculos do abdome e das costas. Relaxe-se e volte à posição inicial.

Contagem – Conte cada vez que voltar à posição inicial.

Conheça outros títulos

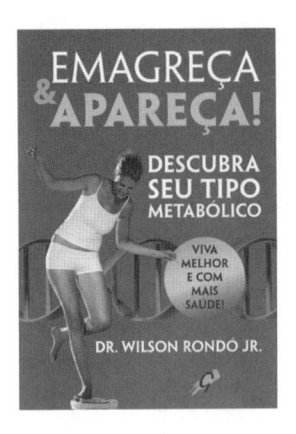

EMAGREÇA & APAREÇA!
Descubra seu tipo metabólico

O médico ortomolecular Wilson Rondó Jr. oferece uma abordagem inovadora para as dietas de emagrecimento. Ao considerar o tipo metabólico dos pacientes, o autor mostra que alimentar-se corretamente não exige esforço descomunal.

A própria nutrição se torna a chave para boa forma e saúde. A base dessa proposta é a individualidade bioquímica: cada pessoa tem um perfil bioquímico ou fisiológico. Neste livro, além de apresentar como atua sua terapia nutricional, o médico oferece um teste minucioso para que os leitores identifiquem seu tipo metabólico. Com base no perfil individual, ensina como cada um pode aproveitar melhor os alimentos – comendo de forma saudável e sem culpa.

FAZENDO AS PAZES COM SEU PESO
Obesidade e emagrecimento: entendendo um dos grandes problemas deste século

Como perder peso ganhando energia? Como tornar a vida mais saudável? Na concepção do dr. Wilson Rondó Jr., fazer as pazes com seu peso é uma questão de equilíbrio, boa vontade e objetivo. Para tanto, este livro trata de refutar teorias enganosas introduzindo dietas práticas facilmente seguidas, para eliminar os efeitos que a má combinação dos alimentos pode causar no organismo.

Beleza é importante, sobretudo quando associada ao desejo de viver mais ou ter mais energia, prevenindo até mesmo doenças como câncer, diabetes e infarto. É por isso que este livro não se preocupa apenas com o resultado estético da perda e da manutenção do peso, pois a correção de hábitos nutricionais e alimentares é o primeiro passo para uma vida saudável e feliz; a beleza é mera consequência.

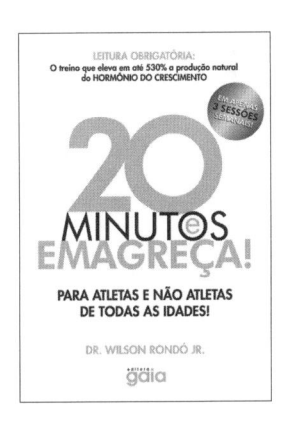

20 MINUTOS E EMAGREÇA!
Para atletas e não atletas de todas as idades!

Com o objetivo de melhorar o desempenho e proporcionar o bem-estar, Dr. Wilson Rondó Jr. traz ao conhecimento do leitor, no seu livro *20 minutos e emagreça!*, o exercício supra-aeróbico. Trata-se de um tipo de atividade física que aumenta a produção do hormônio do crescimento HgH. O resultado: uma mudança de corpo e de vida.

Com apenas 20 minutos de exercícios em três sessões semanais é possível queimar gordura, ganhar músculos e melhorar a saúde como um todo. Com a atividade física supra-aeróbica, segundo o médico, recondicionamos nosso corpo para usufruir dos benefícios do modelo genético capaz de produzir: maior capacidade pulmonar, alta velocidade de queima de gordura, capacidade de reserva cardíaca, alta taxa metabólica, sensibilidade ao aumento de insulina, músculos e ossos fortes e melhora da função sexual.

Este livro orienta leigos e profissionais do esporte na utilização do exercício supra-aeróbico de forma isolada ou complementar a outras modalidades de treinamento.